TRASTORNO LÍMITE DE LA PERSONALIDAD

efecto, sugerencias y solución

Antonio Martínez

Índice de contenidos

Índice de contenidos 4

INTRODUCCIÓN AL TRASTORNO LÍMITE DE LA PERSONALIDAD 1

¿QUÉ ES EL TRASTORNO LÍMITE DE LA PERSONALIDAD? 4

ANTECEDENTES DE TRASTORNO LÍMITE DE LA PERSONALIDAD 10

CAUSAS DEL TRASTORNO LÍMITE DE LA PERSONALIDAD 12

SÍNTOMAS DEL TBC EN LAS MUJERES 24

LOS 9 EFECTOS SECUNDARIOS DEL TBC 27

FACTORES DE RIESGO 47

TRATAMIENTOS 50

DIAGNÓSTICO 75

Qué desencadena el trastorno límite de la personalidad; ..80

Condiciones relacionadas 83

Amar a una persona con TLP; 89

Cómo pueden los demás ayudar a un compañero o familiar con TLP; 97

Consejos de autoayuda 102

¿A dónde podría acudir una persona en busca de ayuda? 114

CONCLUSIÓN 116

INTRODUCCIÓN AL TRASTORNO LÍMITE DE LA PERSONALIDAD

El trastorno límite de la personalidad (TLP) es un trastorno de la mentalidad y de la forma en que un individuo se comunica con los demás. Es el problema de personalidad más percibido y fue reconocido como un hallazgo oficial en 1980.

Las primeras formas del DSM, antes del marco de diagnóstico multiaxial, agrupaban a la gran mayoría con problemas de bienestar emocional en dos clases, los psicóticos y los abatidos. Los clínicos observaron una clase específica de personas abatidas que, cuando se encontraban en situación de emergencia, parecían estar a caballo entre la frontera y la psicosis. El término "problema de personalidad límite" se creó en la psiquiatría estadounidense durante la década de 1960. Se convirtió en el término preferido por encima de varios nombres en disputa, por ejemplo, "trastorno de carácter inestable" durante la década de 1970. El tema de la personalidad límite fue recordado por el DSM-III (1980) a pesar de no ser percibido como un análisis sustancial.

El problema de personalidad limítrofe es el problema de personalidad más reconocido en los entornos clínicos. Se da en el 10% de las personas que se encuentran en los centros de bienestar psicológico para pacientes externos, en el 15%-20% de los pacientes internos con problemas mentales y en el 30%-60% de las poblaciones clínicas con un problema de personalidad. Se da en un 2% de todas las personas. El problema de personalidad límite se analiza de forma abrumadora en las mujeres, con una proporción esperada de orientación sexual de 3:1. El trastorno está presente en las sociedades de todo el mundo. Es aproximadamente múltiples veces progresivamente regular entre los miembros de la familia natural de primer grado de los que tienen el trastorno que en todo el mundo. También existe un mayor riesgo familiar de padecer trastornos relacionados con las sustancias, trastornos antisociales de la personalidad y trastornos del estado de ánimo.

Los individuos tienen varias perspectivas sobre el TLP/EPT, y tiende a ser una conclusión discutible. Sin embargo, sea cual sea el modo en que entiendas tus encuentros, y sean cuales sean los términos que quieras utilizar (suponiendo que los haya), lo importante es recordar que los sentimientos y las prácticas relacionadas con el TLP/TEP son extremadamente difíciles de vivir, y merecen comprensión y apoyo.

En general, alguien con un problema de personalidad variará fundamentalmente de un individuo normal en cuanto a la forma en que la persona en cuestión piensa, ve, siente o se identifica con los demás, ya que está relacionado con altos ritmos de conducta sin sentido (por ejemplo, intentos de suicidio) y suicidio terminado. El elemento básico del problema de la personalidad límite es un ejemplo inevitable de inseguridad de las conexiones relacionales, las influencias y la visión mental de uno mismo, al igual que la impulsividad comprobada. Estos atributos comienzan en la edad adulta temprana y están disponibles en una variedad de entornos.

El artículo aclara qué es el trastorno límite de la personalidad (TLP), también llamado trastorno depresivo de la personalidad (EUPD), las posibles causas, los efectos secundarios, el tratamiento, consejos para ayudarse a sí mismo y orientación para amigos y familiares.

¿QUÉ ES EL TRASTORNO LÍMITE DE LA PERSONALIDAD?

El Manual Diagnóstico y Estadístico de los Trastornos Mentales [DSM-IV] registra el Trastorno Límite de la Personalidad como una conclusión mental y lo caracteriza como una influencia perturbadora del trabajo de la personalidad. Adolph Stern utilizó el término en 1938 para describirlo ya que se encuentra en el límite entre la neurosis y la psicosis.

Se trata de un auténtico problema de la psique que hace que las personas afectadas alimenten un miedo paralizante a ser abandonadas por un amigo o familiar. El individuo afectado muestra una mentalidad de ataque que le hace desplegar un desconcertante abanico de sentimientos que van desde las glorificaciones como la adoración y el amor extraordinarios hasta la depreciación, por ejemplo, la molestia grave y la aversión dentro de una capacidad limitada de concentrar el tiempo. Este tipo de individuos muestran arrebatos de ferocidad que les llevan a maltratar verbal y físicamente a los demás. Leen la importancia de las pequeñas cuestiones y personalizan las cuestiones resultando tan sorprendentemente susceptibles que no pueden continuar con las conexiones familiares o del entorno laboral.

El Trastorno Límite de la Personalidad (TLP) es un trastorno caracterizado por los problemas para gestionar los sentimientos.

4

Los sentimientos pueden ser impredecibles y pasar de forma repentina, especialmente del romanticismo entusiasta al fastidio despectivo. Esto implica que los individuos que experimentan el TLP sienten sentimientos fuertemente y durante amplios periodos de tiempo, y es más diligente para ellos volver a un estándar estable después de una ocasión sinceramente activadora.

La precariedad del estado de ánimo en el Trastorno Límite de la Personalidad conlleva una conducta inestable, una pobre autopercepción mental y un carácter contorsionado, todo lo cual conduce a la separación social. El grado de insatisfacción puede ser elevado, hasta el punto de provocar autolesiones de diversa índole, intentos de suicidio y suicidios fructíferos en ocasiones. El extraordinario sentimiento de debilidad les hace necesitar amor y les empuja a la indiscriminación sexual y al abuso de sustancias. La tasa de separación es alta para los raros tipos de personas que se casan y no buscaron ayuda competente a la luz de su incesante fracaso en el manejo de sus sentimientos.

En los Estados Unidos, alrededor del 2% de los adultos, generalmente mujeres [75%], experimentan los efectos nocivos de este trastorno y es responsable del 20% de las afirmaciones mentales en las clínicas de emergencia. Las últimas investigaciones proponen que los hombres podrían estar influenciados de forma similar por el TLP, aunque regularmente son diagnosticados erróneamente con TEPT o desánimo. Las razones del Trastorno Límite de la Personalidad, al igual que numerosas enfermedades diferentes, se han atribuido a variables naturales y hereditarias. De todos modos, los factores de inclinación son un fondo marcado por la división de la gente enorme de inmediato a lo largo de la vida cotidiana, la historia de maltrato físico y psicológico, 40 a 71% informe de un pasado lleno de maltrato sexual por una figura no parental. Los descubrimientos de la exploración en curso han conectado el Trastorno Límite de la Personalidad con la directriz discapacitada de los circuitos neuronales que modulan las emociones.

La amígdala, una parte del cerebro, es una pieza de este circuito neuronal. El comienzo de la dolencia puede ser en la preadolescencia o en la juventud. Los desencadenantes de la aceleración de este problema incluyen accidentes horribles como la viciosidad de diversos tipos, la agresión, el abuso de alcohol y el abuso de sustancias, que pueden provocar impulsividad, mala visión mental de sí mismo, conexiones tormentosas y reacciones entusiastas extremas a los factores de estrés. La lucha contra la autodeterminación también puede dar lugar a prácticas peligrosas, como por ejemplo, la autolesión.

Los individuos con TLP serán en general muy delicados. Algunos lo describen como tener una terminación nerviosa descubierta. Pequeñas cosas pueden desencadenar respuestas extraordinarias. Es más, cuando se le perturba, experimenta dificultades para calmarse. Es evidente cómo esta imprevisibilidad pasional y la incapacidad de autorrecuperación provocan malestar en las relaciones y una conducta imprudente, incluso insensata. En el momento en que se encuentra en la agonía de los sentimientos desbordantes, no puede pensar con claridad ni permanecer con los pies en la tierra. Es posible que expreses cosas terribles o que lleves a cabo conductas arriesgadas o equivocadas que te hagan sentir responsable o avergonzado un tiempo después. Es un ciclo insoportable del que puede resultar difícil salir. Sin embargo, ciertamente no lo es. Existen poderosos medicamentos para el TLP y aptitudes de adaptación que pueden ayudarte a sentirte bien y a volver a estar a cargo de tus consideraciones, sentimientos y actividades.

El trastorno límite de la personalidad (TLP), también llamado trastorno de la personalidad emocionalmente inestable (TPEI), es un desajuste psicológico descrito por un patrón de relaciones inestables de larga duración, un sentimiento de sí mismo deformado y respuestas entusiastas enérgicas. Se produce regularmente un daño a sí mismo y diferentes conductas peligrosas. Los afectados también pueden luchar con un sentimiento de vacío, miedo a la renuncia y separación del mundo real. Las manifestaciones pueden ser activadas por ocasiones que se consideran ordinarias para otras personas. La conducta suele iniciarse en los primeros años de la edad adulta y se produce en una gran variedad de circunstancias. El abuso de sustancias, la tristeza y los problemas alimentarios suelen estar relacionados con el TLP.

El típico estado mental disfórico de estas personas está frecuentemente marcado por la indignación, el frenesí o la desesperación y rara vez se alivia con la prosperidad. Estas escenas pueden ser activadas por la escandalosa reactividad de la persona a los estresores relacionales. Las personas con este problema también tienen regularmente sentimientos constantes de vacío. Muchos experimentan una indignación indecorosa y excepcional o experimentan problemas para controlar su resentimiento. Por ejemplo, pueden perder los estribos, sentirse constantemente molestos, tener alteraciones verbales o participar en batallas físicas. Este resentimiento podría activarse al reconocer que un individuo notable es descuidado, retenedor, implacable o rendido. Las articulaciones de indignación podrían ir acompañadas de sentimientos de malicia o de sentimientos de desgracia y culpa. Durante los momentos de presión de indignación, estas personas pueden encontrar ideación desconfiada transitoria o manifestaciones disociativas extremas (por ejemplo, despersonalización). Los individuos con este problema tienen además altos ritmos de problemas concurrentes, por ejemplo, tristeza, problemas de malestar, abuso de sustancias y problemas dietéticos, junto con autoagresión, prácticas autodestructivas y suicidios consumados.

ANTECEDENTES DE TRASTORNO LÍMITE DE LA PERSONALIDAD

La concurrencia de estados mentales extraordinarios y dispares en el interior de un individuo fue percibida por Homero, Hipócrates y Aretaeus, este último describiendo la cercanía vacilante del resentimiento imprudente, la tristeza y la locura en el interior de un individuo solitario. La idea fue recuperada por el médico suizo ThéophileBonet en 1684 quien, utilizando el término foliemaniaco-mélancolique, describió la maravilla de los estados mentales inseguros que seguían un curso inusual. Diferentes autores se percataron de un ejemplo similar, entre ellos el terapeuta estadounidense Charles H. Hughes en 1884 y J. C. Rosse en 1890, que llamó al trastorno "locura límite". En 1921, Kraepelin reconoció una "personalidad excitable" que coincide con los aspectos más destacados del borderline ilustrados en la idea actual de TLP.

El primer trabajo psicoanalítico crítico que utilizó la expresión "borderline" fue compuesto por Adolf Stern en 1938. En él se describía una reunión de pacientes que experimentaban lo que él consideraba un tipo de esquizofrenia suave, en el límite entre el abatimiento y la psicosis.

En los años sesenta y setenta se pasó de pensar en la afección como esquizofrenia límite a considerarla un trastorno afectivo límite (trastorno del estado de ánimo), en los límites de la cuestión bipolar, la ciclotimia y la distimia. En el DSM-II, centrado en la potencia e inconstancia de los estados de ánimo, se denominó personalidad ciclotímica. Mientras la expresión "borderline" se desarrollaba para aludir a una clase particular de trastorno, los psicoanalistas, por ejemplo, Otto Kernberg, la utilizaban para aludir a una amplia gama de problemas, representando un nivel intermedio de asociación de la personalidad entre la ansiedad y la psicosis.

Después de que se crearan criterios institucionalizados para distinguirlo de los trastornos del estado de ánimo y de otros problemas del Eje I, el TLP se convirtió en una conclusión de la personalidad en 1980 con la elaboración del DSM-III. El trastorno se distinguió de la esquizofrenia subsindrómica, que se denominó "trastorno esquizotípico de la personalidad". El Grupo de Trabajo del Eje II del DSM-IV de la Asociación Americana de Psiquiatría se decantó finalmente por el nombre de "problema límite de la personalidad", que se sigue utilizando en el DSM-5 en la actualidad. No obstante, la expresión "borderline" se ha considerado notablemente deficiente para describir los síntomas característicos de este trastorno.

CAUSAS DEL TRASTORNO LÍMITE DE LA PERSONALIDAD

No hay una motivación inequívoca detrás de por qué algunas personas experimentan desafíos relacionados con el TLP. Un mayor número de damas se les da este diagnóstico que los hombres, sin embargo, puede influir en los individuos todos los géneros considerados y fondos.

Del mismo modo que con otro problema de bienestar emocional, las razones para el problema de la personalidad límite no son completamente comprendidas. La mayoría de los expertos en salud mental/científicos aceptan que el trastorno límite de la personalidad(BPD) es provocado por una mezcla de factores como los componentes naturales adquiridos o internos, elementos ecológicos externos, por ejemplo, encuentros horrendos en la juventud, Los elementos sociales incorporan la forma en que los individuos se comunican en su mejora inicial con su familia, compañeros y otros niños. Los componentes mentales incorporan la personalidad y la disposición de la persona, adaptando las habilidades sobre el método más competente para manejar la presión. Estos diversos factores juntos recomiendan que hay diferentes componentes que pueden añadirse al trastorno, y se examinarán a continuación;

-   **Curso de genética**

Algunas pruebas recomiendan que el TLP podría tener una razón hereditaria, ya que es probable que se le dé este hallazgo si alguien de su familia cercana también lo ha padecido. Puede ser adquirida o inequívocamente conectada con otros trastornos psicológicos entre los familiares. En consecuencia, los genes que adquieres de tus padres pueden hacerte progresivamente impotente contra el desarrollo del TLP.

Es concebible que una combinación de factores podría ser incluido también sin embargo Genética puede hacer que progresivamente indefenso contra la creación de BPD y con frecuencia debido a la angustia o encuentros de la vida horrible que estas vulnerabilidades se activan y se convierten en un problema.

La heredabilidad del TLP se ha evaluado en un 40%. Es decir, el 40% de la inconstancia en el riesgo fundamental de TLP en la población puede aclararse mediante contrastes hereditarios. Las investigaciones en gemelos pueden sobreestimar el impacto de las cualidades en la cambiabilidad en el tema de la personalidad debido a la variable enrevesada de una condición familiar mutua. En cualquier caso, los especialistas de este examen razonaron que la cuestión de la personalidad "parece estar más fuertemente influenciada por los efectos genéticos que casi cualquier trastorno del eje I [por ejemplo, el trastorno bipolar, la depresión, los trastornos alimentarios], y más que la mayoría de las dimensiones amplias de la personalidad". Además, la investigación vio que el TLP fue evaluado como el tercer problema de personalidad más heredable de los 10 problemas de personalidad comprobados. Los estudios sobre gemelos, parientes y otras familias demuestran una heredabilidad fraccional para la animosidad impulsiva, sin embargo, las investigaciones sobre las cualidades relacionadas con la serotonina han recomendado sólo humildes contribuciones al comportamiento.

Las familias con gemelos en los Países Bajos fueron miembros de un examen continuo realizado por Trull y asociados, en el que se analizaron 711 conjuntos de parientes y 561 tutores para reconocer el área de características hereditarias que afectaban a la mejora de la DBP. Los socios de la investigación descubrieron que el material hereditario del cromosoma 9 estaba relacionado con los puntos destacados de la DBP. Los especialistas presumieron que "los factores genéticos desempeñan un papel importante en las diferencias individuales de los rasgos del trastorno límite de la personalidad". Estos científicos equivalentes habían deducido antes en un informe pasado que el 42% de la variedad en los rasgos del TLP era inferible por impactos hereditarios y el 58% se debía a impactos naturales. Cualidades bajo escrutinio a partir de 2012 incorporan el polimorfismo de 7 repeticiones del receptor de dopamina D4 (DRD4) en el cromosoma 11, que se ha conectado a la conexión confusa, mientras que el impacto consolidado del polimorfismo de 7 repeticiones y el genotipo del transportador de dopamina (DAT) de 10/10 se ha conectado a las variaciones de la norma en el control inhibitorio, ambos puntos destacados de BPD. Existe una asociación potencial con el cromosoma

Por lo tanto, los factores genéticos pueden contribuir a la causa del trastorno límite de la personalidad.

-Ocasiones estresantes u horrendas de la vida

En el caso de que obtenga esta determinación, es más probable que muchas personas hayan tenido encuentros problemáticos u horribles al crecer, por ejemplo, sentirse frecuentemente aprensivo, agitado, sin apoyo o negación de los desafíos familiares o inestabilidad, por ejemplo, vivir con un padre que tiene un hábito sexual, maltrato físico o psicológico o desprecio por perder a un padre.

En el caso de que hayas tenido encuentros juveniles problemáticos como estos, pueden haberte hecho crear técnicas de adaptación específicas, o convicciones sobre ti mismo y los demás, que pueden resultar menos útiles con el tiempo y causarte problemas. También puede estar luchando con sentimientos de indignación, temor o miseria.

También puede encontrarse con el TLP sin tener ningún historial de ocasiones horribles o molestas en la vida, o puede haber tenido diferentes tipos de encuentros problemáticos. En el caso de que usted a partir de ahora la experiencia de una parte de estos desafíos, en ese punto de encontrar la presión o la lesión como un adulto podría exacerbar la situación.

-Anomalías cerebrales   .

Algunas exploraciones han demostrado cambios en territorios específicos del cerebro relacionados con la orientación de los sentimientos, la impulsividad y la hostilidad. Además, ciertas sustancias químicas del cerebro que ayudan a dirigir la disposición, por ejemplo, la serotonina, pueden no funcionar correctamente. Se cree que numerosos individuos con TLP tienen algún tipo de problema con las sinapsis en su cerebro, especialmente la serotonina.

Los neurotransmisores son "sustancias químicas mensajeras" utilizadas por la mente para transmitir señales entre las sinapsis. Los niveles modificados de serotonina se han relacionado con la melancolía, la hostilidad y los problemas para controlar los deseos ruinosos.

Igualmente hay entonces Problema con el desarrollo del cerebro, Los investigadores han utilizado MRI para contemplar los cerebros de los individuos con BPD. Los exámenes de rayos X utilizan campos atractivos sólidos y ondas de radio para crear una imagen punto por punto de dentro del cuerpo.

Los escáneres descubrieron que, en numerosos individuos con TLP, tres partes del cerebro eran más pequeñas de lo previsto o tenían grados de movimiento poco comunes. Estas partes eran: la amígdala - que asume un trabajo importante en la gestión de los sentimientos, en particular los sentimientos más "negativos", por ejemplo, el miedo, la hostilidad y el nerviosismo, el hipocampo - que dirige la conducta y la discreción de la corteza orbitofrontal - que se dedica a la organización y la dinámica.

Los problemas con estas partes del cerebro pueden contribuir a los efectos secundarios del TLP; la mejora de estas partes del cerebro está influenciada por su infancia inicial. Estas partes de su mente son, además, responsable de la pauta de temperamento, que puede representar una parte de los problemas de las personas con BPD tienen en conexiones acogedoras.

Hay numerosas cosas alucinantes que ocurren en el cerebro del TLP y los analistas todavía están desentrañando lo que todo implica. Sea como fuere, fundamentalmente, en el caso de que usted tenga TLP, su cerebro está en alerta. Las cosas te parecen más sorprendentes y desagradables que a los demás. Tu interruptor de batalla o huida tropieza sin esfuerzo, y una vez que está encendido, se apodera de tu cerebro juicioso, activando sentidos de resistencia burdos que no son constantemente adecuados para la circunstancia actual.

Además, una serie de concentrados de neuroimagen en el TLP han anunciado descubrimientos de disminuciones en locales del cerebro comprometidos con la guía de las reacciones de estrés y el sentimiento, influyendo en el hipocampo, la corteza orbitofrontal y la amígdala, entre diferentes territorios. Menos investigaciones han utilizado la espectroscopia de reverberación atractiva para investigar los cambios en las agrupaciones de neurometabolitos en ciertos distritos del cerebro de los pacientes con TLP, echando un vistazo a los neurometabolitos, por ejemplo, el N-acetilaspartato, la creatina, las mezclas relacionadas con el glutamato y los compuestos que contienen colina.

Unas pocas investigaciones han distinguido la ampliación de la materia gris en zonas como el área motora suplementaria bilateral, el giro dentado y el precuneus bilateral, que se extiende hasta el córtex cingulado posterior bilateral (CCP). El hipocampo, en general, será más pequeño en los individuos con TLP, por lo que se refiere a los individuos con trastorno de estrés postraumático (TEPT). En cualquier caso, en el TLP, en contraste con el TEPT, la amígdala también será en general más pequeña. Este movimiento anormalmente sólido puede aclarar la calidad poco común y la duración de la vida del miedo, el problema, la indignación y la desgracia que experimentan los individuos con TLP, en la regulación de sus emociones y respuestas al estrés.

-Factores ambientales;

Diversas variables ambientales parecen ser normales y transversales entre los individuos con TLP. Entre ellas se encuentran: ser víctima de un maltrato entusiasta, físico o sexual, ser sometido a un temor o dolor a largo plazo cuando era niño, no ser tenido en cuenta por uno o los dos padres, crecer con otro pariente que tenía una verdadera condición de bienestar psicológico, por ejemplo, un trastorno bipolar o un problema de abuso de alcohol o medicamentos.

La relación de un individuo con sus padres y su familia influye en su forma de ver el mundo y en lo que acepta de los demás.

El temor incierto, la indignación y la miseria de la adolescencia pueden provocar una variedad de diseños de deducción de adultos mal formados, por ejemplo, idealizar a los demás, esperar que los demás sean un padre para ti, anticipar que los demás te amenacen y continuar como si los demás fueran adultos y tú definitivamente no.

Numerosos individuos con trastorno límite de la personalidad informan de que se han encontrado con ocasiones vitales horribles, por ejemplo, el mal uso, la renuncia o las dificultades durante la adolescencia. Otros pueden haber sido presentados a conexiones temperamentales, refutantes y enfrentamientos antagónicos. A pesar de que estas variables pueden aumentar el riesgo de un individuo, no implica que el individuo vaya a desarrollar un trastorno límite de la personalidad. Del mismo modo, puede haber individuos sin estos factores de riesgo que crearán un problema de personalidad límite en el curso de su vida

- Trauma infantil;

Existe una sólida conexión entre el abuso infantil, particularmente el maltrato sexual infantil, y el avance del TLP. Numerosas personas con TLP informan de un pasado marcado por el maltrato y el desprecio cuando eran niños pequeños, sin embargo la causalidad sigue siendo discutida. Los pacientes con TLP han sido vistos como totalmente obligados a reportar haber sido maltratados verbalmente, interiormente, verdaderamente, o explícitamente a través de los tutores de ambos sexos. Asimismo, informan de un alto índice de endogamia y de pérdida de figuras parentales durante su infancia. Las personas con TLP eran igualmente propensas a informar de que sus tutores de ambos sexos les impedían reclamar sus contemplaciones y emociones. Los tutores también respondieron que habían descuidado la seguridad requerida y que habían desestimado la consideración física de sus hijos. Los tutores de ambos sexos suelen responder que se alejan sinceramente del niño y que lo tratan de forma conflictiva. Además, las mujeres con TLP que anunciaron una historia pasada de desprecio por parte de una figura parental femenina y de maltrato por parte de un tutor masculino estaban fundamentalmente destinadas a haber encontrado maltrato sexual por parte de una figura no parental.

Se ha recomendado que los niños que experimentan abusos tempranos incesantes y desafíos de conexión pueden proceder a crear un problema de personalidad límite. Otto Kernberg, que escribe sobre la costumbre psicoanalítica, sostiene que la incapacidad de un joven para llevar a cabo la tarea formativa de la explicación clarividente de sí mismo y de los demás y la incapacidad para superar la separación pueden aumentar el peligro de crear una personalidad límite.

- Ejemplos neurológicos;

La fuerza y la reactividad de la afectividad negativa de un individuo, o la inclinación a sentir sentimientos negativos, predice los indicios de TLP con mayor firmeza que el maltrato sexual juvenil. Este descubrimiento, los contrastes en la estructura del cerebro y el hecho de que unos pocos pacientes con TLP no informan de una historia horrible recomiendan que el TLP es inconfundible del trastorno de estrés postraumático que a menudo lo acompaña. En este sentido, los especialistas analizan las causas formativas sin perjuicio de las lesiones infantiles.

La investigación publicada en enero de 2013 por Anthony Ruocco en la Universidad de Toronto ha presentado dos ejemplos de movimiento del cerebro que pueden subyacer a la desregulación de los sentimientos demostrada en este momento: la ampliación de la acción en los circuitos mentales responsables de la experiencia de la agonía pasional elevada, combinada con la disminución de la iniciación de los circuitos cerebrales que ordinariamente controlan o sofocan estos sentimientos agonizantes creados. Se cree que estos dos sistemas neuronales se emplean de forma defectuosa en el marco límbico, aunque las áreas particulares cambian generalmente en las personas, lo que requiere la investigación de más estudios de neuroimagen.

Además (en contraposición a los efectos posteriores de investigaciones anteriores) los enfermos de TLP demostraron una menor actuación en la amígdala en circunstancias de emocionalidad negativa ampliada que el grupo de referencia. John Krystal, director editorial del diario Biological Psychiatry, compuso que estos resultados "[se añaden] a la sensación de que los individuos con problemas de personalidad límite están 'configurados' por sus cerebros para tener vidas apasionadas tormentosas, a pesar de que no son vidas realmente problemáticas o ineficientes"]. Se ha descubierto que su inestabilidad entusiasta se asocia con contrastes en algunos distritos mentales.

- Autocomplejidad

La naturaleza multifacética del yo, o el pensar que uno tiene una amplia gama de atributos, puede disminuir la disparidad obvia entre un yo real y un retrato mental ideal del yo. Una naturaleza auto-multifacética más alta puede llevar a un individuo a querer más atributos en lugar de mejores atributos; si hay alguna convicción de que las cualidades deberían haberse procurado, éstas podrían estar destinadas a haber sido experimentadas como modelos en lugar de ser consideradas como características teóricas. La idea de una norma no incluye realmente la representación de las características que hablan de la norma: el conocimiento de la norma puede incluir sólo la comprensión de "parecido", una conexión sólida y no una cualidad.

- Cuestión de personalidad y vergüenza;

Cuando los médicos hablan de "personalidad", aluden a los ejemplos de razonamiento, sentimiento y comportamiento que hacen que cada uno de nosotros sea diferente. Nadie actúa igual constantemente, pero en general colaboramos y nos relacionamos con el mundo de formas realmente fiables. Esta es la razón por la que los individuos son regularmente retratados como "tímidos", "amistosos", "cuidadosos", "despreocupados", etc. Son componentes de la personalidad.

Dado que la personalidad está tan intrínsecamente asociada con el carácter, la expresión "problema de personalidad" puede dejarle con la sensación de que hay algo en un nivel muy básico que falla en su identidad. Sin embargo, un problema de personalidad no es un juicio de carácter. En términos clínicos, el "problema de personalidad" implica que tu ejemplo de identificación con el mundo no es del todo el mismo que el estándar. (Como tal, no actúas de las maneras que la gran mayoría prevé). Esto provoca problemas fiables para usted en numerosas partes de su vida, por ejemplo, sus conexiones, su vocación y sus emociones sobre sí mismo y sobre otras personas.

SÍNTOMAS DEL TBC EN LAS MUJERES

Una mujer con trastorno límite de la personalidad puede tener regularmente la mayor parte de sus conexiones tumultuosas e inseguras. Un tema típico en la vida de las mujeres con esta enfermedad es la baja confianza en sí mismas, los frecuentes trastornos de indignación y decepción, y la conducta incauta. La totalidad de los indicios del trastorno límite de la personalidad en las mujeres comienzan realmente en la edad adulta.

Los indicios normales de este desajuste psicológico en las damas incorporan el temor a ser desatendidas o abandonadas por sus seres queridos o por ver a alguien. Este temor de abandono es un tema típico en su vida en cualquier caso, incluso cuando el abandono no es ciertamente un peligro genuino o incluso una oportunidad. Los amigos y la familia pueden decirle a una mujer con este problema que la quieren y que no la dejarán, pero el individuo que experimenta el TLP sigue centrándose en el aparente abandono.

Otro indicio del problema de la personalidad límite en las mujeres es que en general se vuelven dependientes de los demás, regularmente esta dependencia unida al temor a la rendición lleva a las mujeres a tener una conducta inconsistente y habitualmente a renunciar o cortar las asociaciones antes de que haya una oportunidad de ser abandonadas.

Normalmente los individuos que se determinan con este tipo de inadaptación psicológica tienen en todo caso cinco de los indicios que acompañan al problema de personalidad límite;

Señal número uno: Intenta mantener una distancia estratégica con el abandono genuino o previsto.

Signo número dos: Las mujeres con este problema tienen un ejemplo de asociaciones problemáticas con el tema básico de estas conexiones son los límites apasionados esporádicos de amor excepcional y reverencia o desprecio del individuo en la relación.

Signo número tres: Las mujeres con TLP suelen tener una visión mental temperamental de sí mismas y están inseguras de su propio carácter.

Señal número cuatro: Las mujeres con TLP tienden a actuar precipitadamente de maneras que son auto-dañinas, estas incorporan atracones de gastos, sexo con numerosos cómplices, abuso de licor, abuso de medicamentos, conducción loca y atiborrarse.

Signo número cinco: Las mujeres decididas a tener una enfermedad problemática suelen tener sentimientos de vacuidad y miseria a largo plazo.

Signo número seis: Tienen regularmente visitas apasionadas y episodios emocionales excepcionales que pueden pasar de sentirse desanimados aquí a tazón e inquietos a alegres y eufóricos en una cuestión extremadamente corta de tiempo. De vez en cuando estos trastornos sólo duran un par de horas, uno tras otro, pero otros pueden continuar durante mucho tiempo.

Signo número siete: Las mujeres con problema de personalidad límite tienen regularmente contemplaciones autodestructivas o hacen peligros de acabar con los individuos de su vida.

Signo número ocho: Las mujeres con TLP tienen regularmente una indignación impropia y muy furiosa y tienen problemas para controlar su resentimiento, ferocidad y brutalidad.

-Signos y síntomas generales   .

El trastorno límite de la personalidad (TLP) se manifiesta desde varias perspectivas, sin embargo, por las razones de conclusión, los expertos en salud psicológica/mental agrupan los efectos secundarios en nueve clasificaciones significativas. Con el fin de ser determinado para tener BPD, debe dar indicaciones de en cualquier caso cinco de estas manifestaciones. Además, los efectos secundarios deben ser de larga duración (normalmente comienzan en la juventud) y afectan a numerosos aspectos de su vida.

LOS 9 EFECTOS SECUNDARIOS DEL TBC

Temor al abandono; las personas con TLP se alarman habitualmente de que las dejen o las lleven solas. En cualquier caso, algo tan inofensivo como que un amigo o un miembro de la familia se presente más tarde de lo esperado en el trabajo o se marche al final de la semana puede desencadenar un temor extremo. Esto puede provocar esfuerzos desmedidos por mantener al otro individuo cerca. Es posible que pida, pegue, inicie batallas, siga las evoluciones de su adorado o incluso obstaculice realmente la salida del individuo. Lamentablemente, esta conducta tendrá en general el impacto contrario: alejar a los demás.

Relación temperamental; Las personas con TLP en general tendrán conexiones que son excepcionales y breves. Es posible que comiencen a mirar con ojos de estrella rápidamente, aceptando que cada nuevo individuo es la persona que les hará sentirse enteros, sólo para frustrarse inmediatamente. Sus conexiones parecen ser estupendas o espantosas, sin un punto central. Sus amantes, compañeros o familiares pueden sentirse como si tuvieran un latigazo pasional debido a sus rápidas oscilaciones de la glorificación al envilecimiento, la indignación y el aborrecimiento.

Imagen de sí mismo indistinta o cambiante; cuando se tiene TLP, el sentido de sí mismo suele ser inestable. De vez en cuando puedes gustarte a ti mismo, pero en otras ocasiones te desprecias, o incluso te ves como malévolo. Lo más probable es que no tengas una idea de lo que es tu identidad o de lo que necesitas en la vida cotidiana. Por lo tanto, es posible que la mayor parte del tiempo cambie de empleo, de compañeros, de pareja, de religión, de cualidades, de objetivos o incluso de personalidad sexual.

Comportamientos impulsivos y autodestructivos; Si tiene TLP, puede participar en prácticas inseguras y de búsqueda de sensaciones, especialmente cuando está perturbado. Puede gastar indiscretamente el dinero que no puede soportar, consumir vorazmente alimentos, conducir salvajemente, robar en tiendas, participar en relaciones sexuales peligrosas o esforzarse demasiado con los medicamentos o el alcohol. Estas prácticas inseguras pueden ayudarte a sentirte mejor en ese momento, pero te perjudican a ti y a todos los que te rodean a largo plazo.

Conducta autodestructiva; La conducta suicida y el daño intencionado a uno mismo son básicos en los individuos con TLP. La conducta autodestructiva incorpora la contemplación del suicidio, la realización de señales o peligros autodestructivos, o la realización real de un intento de suicidio. El daño a sí mismo incluye cualquier otro intento de dañarse a sí mismo sin un objetivo autodestructivo. Los tipos normales de autolesión incluyen cortarse y consumir. La conducta autodañina incorpora el suicidio y los intentos de suicidio, al igual que las conductas auto-dañinas, descritas a continuación.

Más del 80 por ciento de los individuos con problemas de personalidad límite tienen comportamientos autodestructivos y alrededor del 4 al 9 por ciento se suicidan. Algunos medicamentos pueden ayudar a reducir las prácticas autodestructivas en individuos con problemas de personalidad límite. Por ejemplo, un examen demostró que la terapia conductual dialéctica (TDC) disminuyó los intentos de suicidio en las mujeres de manera significativa en contraste con otros tipos de psicoterapia o tratamiento de conversación. La DBT también disminuyó la utilización de la sala de crisis y los beneficios de los pacientes hospitalizados y mantuvo más miembros en el tratamiento, en contraste con diferentes formas de abordar el tratamiento.

A diferencia de los intentos de suicidio, las conductas de autoagresión no provienen de un deseo de morder el polvo. Sea como fuere, algunas prácticas de autoagresión pueden ser peligrosas. Las prácticas de autoagresión relacionadas con el problema de personalidad límite incluyen recortar, consumir, golpear, golpear la cabeza, tirar del pelo y otros actos inseguros. Los individuos con problema de personalidad límite pueden autolesionarse para ayudar a dirigir sus sentimientos, para rechazarse a sí mismos o para comunicar su dolor. Por lo general, no los consideran tan destructivos.

Los cambios emocionales escandalosos; los sentimientos y estados de ánimo inestables son habituales en el TLP. En un momento, puede sentirse alegre y al siguiente, deprimido. Los detalles que se pasan por alto fácilmente y que los demás no tienen en cuenta pueden hacer que entre en una espiral de entusiasmo. Estos episodios emocionales son extraordinarios, pero en general pasan con bastante rapidez (en contraste con los cambios entusiastas de la melancolía o la bipolaridad), y suelen durar sólo un par de momentos u horas.

Pensamiento incesante de vacío; Las personas con TLP hablan regularmente de la inclinación a no estar llenos, como si hubiera un hueco o un vacío dentro de ellos. En lo extraordinario, puedes sentirte como si no fueras nada o "nadie". Esta inclinación es incómoda, por lo que puede intentar llenar el vacío con cosas como medicamentos, alimentación o sexo. En cualquier caso, nada se siente realmente satisfactorio.

Cólera espantosa;Si tiene TLP, puede luchar con un resentimiento extremo y una irritabilidad. Asimismo, puede experimentar dificultades para controlarse una vez que se enciende el interruptor: gritar, arrojar cosas o quedar totalmente devorado por la rabia. Tenga en cuenta que este resentimiento no se coordina constantemente hacia el exterior. Es posible que invierta una gran cantidad de energía en sentirse furioso consigo mismo.

Sentirse desconfiado o retirado del mundo real; Las personas con TLP luchan con frecuencia contra la desconfianza o las cavilaciones sospechosas sobre los procesos de pensamiento de los demás. Cuando está bajo presión, puede incluso poner cierta distancia con el mundo real -un encuentro conocido como separación-. Puedes sentirte nublado, disperso o como si estuvieras fuera de tu propio cuerpo.

Para una mejor comprensión de los síntomas;

- **Inestabilidad emocional**

El término mental para esto es "lleno de desregulación de los sentimientos" ejemplos molestos de razonamiento o reconocimiento - "curvas psicológicas" o "contorsiones perceptivas" conducta apresurada asociaciones serias sin embargo temblorosas con los demás.

Cada una de estas zonas se describe con más detalle a continuación.

Inestabilidad emocional; Si tiene TLP, puede encontrarse con una serie de sentimientos negativos regularmente extraordinarios, tales como:rabia angustia, desgracia, alarma, miedo sentimientos de vacío y depresión de larga duración Puede tener episodios emocionales extremos en un corto espacio de tiempo.

Patrones de razonamiento perturbadores; Diferentes tipos de reflexiones pueden influir en las personas con TLP, incluyendo: consideraciones perturbadoras, por ejemplo, creer que eres un individuo horrible o sentir que no existes. Es posible que no esté seguro de estas consideraciones y que busque el consuelo de que son falsas escenas concisas de encuentros inusuales, por ejemplo, escuchar voces fuera de su cabeza durante un tiempo considerable a la vez. Con frecuencia, estos pueden sentirse como directrices para hacerse daño a sí mismo o a los demás. Podría estar seguro de que se trata de auténticas escenas prolongadas de encuentros extraños, en las que puede encontrar los dos viajes mentales (voces fuera de su cabeza) y convicciones preocupantes de las que nadie puede sacarle, (por ejemplo, aceptar que su familia está intentando ejecutarle de forma encubierta) Este tipo de convicciones podría ser maníaco y una señal de que se está poniendo progresivamente enfermo. Es esencial encontrar apoyo en caso de que estés luchando con alucinaciones.

Los individuos con TLP pueden sentir sentimientos sin apenas mover un dedo y con profundidad y durante un tiempo más prolongado que los demás. Un atributo central del TLP es la precariedad de los sentimientos, que en la mayoría de los casos se manifiesta como reacciones entusiastas sorprendentemente serias a los desencadenantes naturales, con una vuelta más lenta a un estado pasional de calibre. La afectabilidad, la fuerza y el término con que los individuos con TLP sienten los sentimientos tienen impactos tanto positivos como negativos. Los individuos con TLP suelen estar increíblemente excitados, esperanzados, eufóricos y adoradores, pero pueden sentirse sobrepasados por los sentimientos negativos (tensión, abatimiento, culpa/desgracia, estrés, indignación, etc.), encontrando una angustia extraordinaria en lugar de problemas, desgracia y mortificación en lugar de vergüenza suave, rabia en lugar de irritación y frenesí en lugar de aprensión.

Los individuos con TLP son asimismo particularmente delicados a los sentimientos de rechazo, análisis, confinamiento y decepción de la sierra. Antes de aprender otras formas de lidiar con el estrés, sus esfuerzos por supervisar o escapar de sus sentimientos excepcionalmente negativos pueden provocar el confinamiento entusiasta, la autolesión o la conducta autodestructiva. Con frecuencia, son conscientes del poder de sus respuestas entusiastas negativas y, como no pueden dirigirlas, las cierran totalmente, ya que ser conscientes de ello sólo motivaría más dolor. Esto puede ser destructivo, ya que los sentimientos contrarios preparan a los individuos para la proximidad de una circunstancia de riesgo y les mueven a abordarla.

Mientras que los individuos con TLP sienten arrebato (satisfacción excepcional vaporosa o periódica), están particularmente inclinados a la disforia (una condición significativa de inquietud o decepción), la miseria, así como los sentimientos de problemas mentales y entusiastas. Se perciben cuatro clasificaciones de disforia comunes de esta condición: sentimientos escandalosos, tendencia dañina o imprudencia, sentimiento de división o falta de carácter, y sentimientos de explotación. Dentro de estas clasificaciones, una conclusión de BPD está firmemente conectada con una mezcla de tres estados explícitos: sentirse vendido, creerse salvaje y "querer hacerme daño". Dado que existe una extraordinaria variedad en los tipos de disforia que experimentan los individuos con TLP, la adecuación del dolor es un marcador útil.

A pesar de los sentimientos extraordinarios, los individuos con TLP experimentan "labilidad" entusiasta (variabilidad o vacilación). A pesar de que ese término recomienda cambios rápidos entre la tristeza y la euforia, las oscilaciones de temperamento en los individuos con TLP incluyen sobre todo la tensión, con vacilaciones entre la indignación y el malestar y entre la melancolía y el nerviosismo.

-Comportamiento;

La conducta precipitada es normal, e incluye el abuso de sustancias o de alcohol, comer en abundancia, mantener relaciones sexuales sin protección o sin rumbo con varios cómplices, gastar de forma insensata y conducir de forma alocada. La conducta precipitada también puede incluir el abandono de ocupaciones o contactos, la huida y las autolesiones. Los individuos con TLP pueden hacer esto ya que les da la sensación de alivio rápido de su agonía pasional, sin embargo, en el largo plazo se sienten ampliado desgracia y la culpa sobre los resultados ineludibles de proceder con esta conducta. Se inicia regularmente un ciclo en el que los individuos con TLP sienten agonía pasional, participan en conductas incautas para disminuir ese tormento, sienten vergüenza y culpa por sus actividades, sienten un tormento entusiasta por la vergüenza y la culpa, y después experimentan deseos más fundados de participar en conductas temerarias para calmar el nuevo tormento. A largo plazo, la conducta temeraria puede convertirse en una reacción programada al tormento entusiasta.

En el caso de que tengas TLP, hay dos tipos fundamentales de fuerzas motrices que puedes descubrir que son increíblemente difíciles de controlar: una motivación para autolesionarse, por ejemplo, cortarse los brazos con navajas de afeitar o copiarse la piel con cigarrillos; en casos extremos, sobre todo si también se siente gravemente desanimado y deprimido, este impulso puede provocar una inclinación autodestructiva y puede esforzarse por suicidarse un sólido impulso para participar en ejercicios descuidados y frívolos, por ejemplo, darle a la botella con fuerza, abusar de los sedantes, irse de juerga con los gastos o las apuestas, o tener relaciones sexuales sin protección con extraños

Comportamiento autodestructivo incesante

Un componente esencial del trastorno límite de la personalidad es la conducta temeraria e insensata, que incluye conducir y gastar de forma descuidada, robar en tiendas, comer compulsivamente y luego vomitar, abusar de sustancias, tener una conducta sexual peligrosa, automutilarse e intentar suicidarse. Se cree que esta conducta refleja los problemas que tienen los pacientes con problemas de personalidad límite con la adaptación y la regulación de los sentimientos extremos o las fuerzas motrices. Algunos clínicos que dominan el tratamiento del problema de personalidad límite recomiendan que el psicoterapeuta debe avanzar hacia cada encuentro considerando un sistema progresivo de necesidades. Al final del día, las prácticas autodestructivas y tontas serían atendidas como las necesidades más elevadas, con un empuje para evaluar el peligro del paciente para estas prácticas y ayudar al paciente a descubrir enfoques para cuidar la seguridad.

Se pueden considerar opciones en contra de la automutilación, por ejemplo, y se pueden ofrecer conocimientos sobre la importancia de la conducta insensata. Los ISRS pueden igualmente ser avalados para la autofiguración persistente.

La mayoría de los especialistas coinciden en que, en ocasiones, es importante establecer algún tipo de punto de ruptura en el tratamiento de los pacientes con problemas de personalidad límite. Dado que los pacientes participan en un número tan elevado de prácticas insensatas e imprudentes, los asesores pueden acabar dedicando gran parte del tratamiento a poner límites a las prácticas del paciente. El peligro en estas circunstancias es que los asesores pueden caer en una postura contratransferencial de vigilar la conducta del paciente hasta el punto de que se pierdan los objetivos del tratamiento y se socave la asociación reparadora. Waldinger ha recomendado que la fijación de límites debe centrarse en un subgrupo de prácticas, en concreto, las que son perjudiciales para el paciente, el especialista o el tratamiento. El establecimiento de límites no es realmente una oferta final que incluya el riesgo de interrumpir el tratamiento. Los asesores pueden mostrar al paciente que las condiciones específicas son importantes para que el tratamiento sea razonable. Además, es valioso que los terapeutas ayuden al paciente a considerar a fondo los resultados de las prácticas imprudentes incesantes. En este momento, la conducta puede pasar, paso a paso, de ser sintónica de conciencia a distónica de autoimagen (es decir, la conducta resulta ser tanto más molesta para el paciente cuanto que la persona en cuestión resulta ser progresivamente inteligente sobre los resultados antagónicos). El paciente y el especialista podrían entonces enmarcar una coalición correctiva más fundamentada en torno a las técnicas de control de la conducta.

Uso de sustancias peligrosas

Los problemas de consumo de sustancias son básicos en los pacientes con problemas de personalidad límite. La proximidad del consumo de sustancias tiene ramificaciones significativas para el tratamiento, ya que los pacientes con problemas de personalidad límite que abusan de las sustancias en su mayor parte tienen un mal resultado y corren un riesgo extraordinariamente alto de suicidio y de muerte o lesiones a causa de accidentes. Las personas con problema de personalidad límite suelen abusar de las sustancias de forma precipitada, lo que contribuye a rebajar el límite para otras conductas insensatas, por ejemplo, la mutilación corporal, la indiscriminación sexual o la conducta provocativa que impulsa el ataque (contando la emboscada asesina).

Los pacientes con problemas de personalidad límite que hacen uso indebido de sustancias sólo son reales de vez en cuando y se acercan a la naturaleza y el grado de su maltrato, sobre todo en los primeros períodos de tratamiento.

En consecuencia, los asesores deben preguntar explícitamente sobre el maltrato de sustancias hacia el inicio del tratamiento y enseñar a los pacientes sobre los peligros en cuestión. El tratamiento enérgico de cualquier problema de consumo de sustancias es fundamental para trabajar con pacientes con problemas de personalidad límite. Dependiendo de la gravedad del abuso de alcohol, si el tratamiento ambulatorio es inadecuado, puede ser necesario el tratamiento hospitalario para la desintoxicación y la inversión en diferentes mediaciones de tratamiento del alcohol. La inversión en Alcohólicos Anónimos suele ser útil tanto en régimen de internamiento como en régimen ambulatorio. La experiencia clínica recomienda que la utilización de disulfiram puede ser útil de vez en cuando como tratamiento complementario para los pacientes con problemas de personalidad límite que consumen alcohol, sin embargo, debe utilizarse con cuidado debido al peligro de impulsividad o falta de adherencia. También pueden considerarse otros medicamentos potentes para el tratamiento del abuso o la dependencia del alcohol (por ejemplo, la naltrexona). Los proyectos de doceavo avance son también accesibles para las personas que manipulan opiáceos o cocaína. Los rivales de los narcóticos (por ejemplo, la naltrexona) son viables en el tratamiento de las sobredosis de sedantes y se utilizan de vez en cuando para intentar disminuir el maltrato con sedantes. Sea como fuere, requieren una adherencia constante por parte del paciente, y existe una ayuda mínima y exacta para la adecuación de esta metodología para el hábito.

La dirección de la medicación puede ser una parte valiosa del tratamiento. Sin embargo, aparte de tal vez para el consumo de cannabis suave, la psicoterapia por sí sola suele ser incapaz de tratar el problema del consumo de sustancias.

En la medida en que diferentes sustancias pueden ser manipuladas para cubrir el abatimiento, la tensión y otros estados relacionados, la experiencia clínica propone que los medicamentos recomendados -antidepresivos (en particular los ISRS) o ansiolíticos no-habituantes, por ejemplo, la buspirona- pueden ayudar a aligerar las manifestaciones ocultas, reduciendo así el impulso de depender de la utilización de licor o medicamentos.

Discernimientos;

Los sentimientos regularmente graves que experimentan las personas con TLP pueden hacer que les resulte difícil concentrarse. Los demás pueden, en algunos casos, darse cuenta de que una persona con TLP se está separando por el hecho de que sus articulaciones faciales o vocales pueden estar niveladas o apagadas, o pueden parecer desviadas.

La separación se produce con frecuencia a la luz de una ocasión agonizante (o algo que desencadena el recuerdo de una ocasión insoportable). Incluye que el cerebro desvíe consecuentemente la consideración de esa ocasión -probablemente para protegerse de los sentimientos extremos y de las motivaciones sociales indeseables que tales sentimientos pueden desencadenar. La propensión del cerebro a dejar de lado los sentimientos difíciles graves puede dar un alivio transitorio, pero también puede tener el síntoma de bloquear o embotar los sentimientos comunes, disminuyendo la entrada de los individuos con TLP a los datos que dan esos sentimientos, datos que ayudan a dirigir una dinámica viable en la vida diaria.

-Conexiones inestables/relaciones interpersonales;

Los individuos con TLP pueden ser delicados con la forma en que les tratan los demás, sintiendo una extraordinaria alegría y aprecio ante las articulaciones de benevolencia de los siervos, y una grave miseria o indignación ante el aparente análisis o la perniciosidad. Los individuos con TLP participan regularmente en la admiración y el abaratamiento de los demás, alternando entre un alto respeto constructivo por los individuos y una increíble frustración en ellos. Sus sentimientos hacia los demás pasan regularmente de un profundo respeto o amor a la indignación o aversión después de un error, un peligro de perder a alguien, o una aparente pérdida de consideración según alguien a quien estiman. Esta maravilla se llama en algunos casos despedida. Junto con las agravaciones del temperamento, la glorificación y la degradación pueden socavar las asociaciones con la familia, los compañeros y los colegas.

Aunque anhelan enfáticamente la cercanía, los individuos con TLP se inclinan hacia diseños de conexión inciertos, evasivos o irresolutos, o terriblemente absortos al ver a alguien, y regularmente ven el mundo como peligroso y maligno. Al igual que otros problemas de personalidad, el TLP está relacionado con grados ampliados de presión y lucha incesante en las conexiones sentimentales, disminución de la satisfacción de los cómplices sentimentales, abuso y embarazo indeseable.

En el caso de que tengas TLP, puedes sentir que los demás te abandonan cuando más los necesitas, o que se acercan demasiado y te cubren. En el momento en que las personas temen el abandono, puede provocar sentimientos de extrema inquietud e indignación. Es posible que haga intentos desesperados para evitar que le desatiendan, por ejemplo, enviando mensajes o llamando continuamente a una persona de la nada, llamando a esa persona por la noche, aferrándose de verdad a esa persona y negándose a renunciar a los peligros de dañarse o matarse si esa persona le deja. Por otra parte, puede sentir que los demás le cubren, controlan o pululan, lo que igualmente incita a un temor e indignación excepcionales. Entonces puede reaccionar actuando con enfoques para hacer que los individuos se vayan, por ejemplo, retirándose realmente, despidiéndolos o utilizando un ataque bullicioso. Estos dos patrones pueden dar lugar a una relación inestable de "amor-desprecio" con determinadas personas.

Numerosos individuos con TLP parecen quedarse con una perspectiva "blanca y oscura" extremadamente inflexible sobre las conexiones. O bien una relación es magnífica y ese individuo es magnífico, o la relación está destinada y ese individuo es horrendo. Los individuos con TLP parecen no ser capaces o ser reacios a reconocer cualquier tipo de "área nebulosa" en su propia vida y conexiones.

Para algunos individuos con TLP, las conexiones entusiastas (contando las asociaciones con cuidadores competentes) incluyen perspectivas de "dejar/no ir", lo cual es erróneo para ellos y sus cómplices. Desgraciadamente, esto puede provocar con frecuencia separaciones.

Los individuos con trastorno límite de la personalidad también suelen ver las cosas de forma limitada, por ejemplo, todo genial o todo terrible. Sus valoraciones de los demás también pueden cambiar rápidamente. Una persona que un día es vista como un compañero, puede ser vista como un enemigo o un engañador al día siguiente. Estas emociones cambiantes pueden provocar conexiones graves y precarias.

-COMPORTAMIENTO VIOLENTO Y RASGOS ANTISOCIALES

Algunos pacientes con problemas de personalidad límite participan en prácticas brutales. La brutalidad puede aceptar estructuras como el lanzamiento de objetos a los familiares o a los asesores durante las instantáneas de molestia o decepción graves. Otros pueden presentar emboscadas físicas. Unos pocos pacientes con problema de personalidad límite son realmente perjudiciales para sus hijos. Los pacientes con atributos reservados pueden participar en robos, hurtos y atracos de vehículos. Las demostraciones de este tipo están frecuentemente relacionadas con un registro de captura.

Las metodologías correctoras ideales para el manejo de los resaltos reservados difieren, en función de la gravedad de los mismos, y van desde mediaciones menores hasta procedimientos más extensos y progresivamente complejos, razonables para un cuadro clínico en el que la antisocialidad es una consideración principal.

En el momento en que los puntos destacados de retraimiento son suaves (por ejemplo, el hurto periódico con ocasión de una presión extrema), la experiencia clínica recomienda que el tratamiento subjetivo individual podría ser fructífero (por ejemplo, instar al paciente a calibrar los peligros frente a las ventajas, y el momento presente frente al largo plazo

En el momento en que se disponga de puntos destacados de retracción progresiva, podría demostrarse la existencia de un tratamiento privado. Esto puede aparecer como la "red de remediación".

Diferentes tipos de tratamiento de reunión son una columna vertebral de esta metodología. En el momento en que los trastornos redondos de la conducta feroz están disponibles, la utilización de estado de ánimo de liquidación de los medicamentos o un ISRS podría ser demostrado.

En el momento en que los puntos culminantes de la retracción son considerablemente extremos y se hacen prevalecer, y cuando el riesgo de viciosidad es ascendente, la psicoterapia de cualquier tipo puede resultar insuficiente. En este momento (automático, si es esencial) podría ser necesario para permitir que el paciente recupere el control y, en los casos en los que el paciente haya transmitido un peligro particular, para disminuir el peligro para la(s) víctima(s) potencial(es).

Los clínicos deben saber que algunos pacientes con problemas de personalidad límite con comorbilidad reservada pueden no ser una posibilidad aceptable de tratamiento. Esto es particularmente obvio cuando el cuadro clínico está comandado por características psicopáticas (tal como las describe Hare] del tipo fuertemente narcisista: autoimportancia, estafa, ausencia de arrepentimiento, mentira y manipulación. Esencialmente, mientras los procesos de pensamiento ocultos de deseo o de retribución son de una fuerza extraordinaria, el tratamiento puede mostrarse incapaz.

-Otros   temas pueden ser comórbidos con el tema de la personalidad límite, por ejemplo, el tema de la mentalidad, los desórdenes relacionados con las sustancias, los problemas dietéticos (sorprendentemente, la bulimia), el TEPT, otro tema de malestar, el tema del carácter disociativo y el tema de la falta de consideración/hiperactividad. "Comorbilidad", y aludir a las Directrices Prácticas pertinentes de la APA. Estos desórdenes pueden confundir el cuadro clínico y deben ser atendidos en el tratamiento. El abatimiento, regularmente con reflejos atípicos, es especialmente normal en pacientes con problemas de personalidad límite. Los reflejos agobiantes pueden cumplir con los criterios del problema agobiante significativo o del problema distímico, o pueden ser una indicación del problema de personalidad límite en sí mismo.

A pesar del hecho de que esta diferenciación puede ser difícil de hacer, agobiante destaca que muestran especialmente normal para la cuestión de la personalidad límite son la vacante, el auto-juicio, la deserción temores, la tristeza, la falta de sentido, y refrito de los movimientos autodestructivos.

Los puntos álgidos agobiantes que parecen, a todas luces, deberse a un trastorno límite de la personalidad pueden reaccionar a los enfoques de tratamiento descritos en este momento. Los puntos culminantes agobiantes que cumplen con los criterios de la melancolía significativa (particularmente si existen efectos secundarios neurovegetativos evidentes) deben ser tratados utilizando los enfoques de tratamiento estándar para la melancolía significativa.

FACTORES DE RIESGO

SUICIDIO Y CONDUCTAS AUTOLESIVAS

Los peligros, movimientos y esfuerzos autodestructivos son excepcionalmente básicos entre los pacientes con problema de personalidad límite, y entre el 8% y el 10% acaban con todo.

El problema de personalidad límite está relacionado con un mayor ritmo de suicidio y prácticas de autolesión. Los pacientes con trastorno límite de la personalidad que están pensando en autolesionarse o en intentar suicidarse necesitan ayuda inmediatamente. En el caso de que usted o un compañero o pariente se encuentre con contemplaciones autodestructivas o prácticas de autoagresión, preste atención a cualquier comentario sobre el suicidio o el deseo de morder el polvo. Independientemente de que no acepte que su pariente o compañero vaya a intentar suicidarse, no cabe duda de que la persona tiene problemas y puede beneficiarse de su ayuda para encontrar tratamiento.

Indignación, IMPULSIVIDAD Y VIOLENCIA

La indignación y la impulsividad son signos de un problema de personalidad límite y pueden dirigirse a los demás, incluido el clínico. Esto es especialmente propenso a ocurrir cuando hay una perturbación en las conexiones del paciente o cuando el individuo se siente abandonado (por ejemplo, hay un ajuste en los clínicos) o cuando el paciente se siente vendido, denunciado vergonzosamente o realmente mal juzgado y acusado por el clínico o por un gran otro. De hecho, incluso observando de cerca y teniendo en cuenta estas cuestiones en el tratamiento, es difícil prever su aparición. Otro factor de confusión es que el disgusto o la conducta del paciente pueden crear indignación en el asesor, lo que tiene el potencial de influir desfavorablemente en el juicio clínico. A continuación se exponen las consideraciones de riesgo para la indignación, la impulsividad y la viciosidad en pacientes con problemas de personalidad límite:

VIOLACIONES DE LOS LÍMITES;En los pacientes con problemas de personalidad límite existe el peligro de que se produzcan cruces de límites e infracciones.

Dificultades;

El problema de la personalidad límite puede dañar numerosos aspectos de su vida. Puede influir contrariamente a las conexiones cercanas, ocupaciones, escuela, ejercicios sociales y mental auto retrato, que viene en:

Cambios de trabajo o desgracias

No terminar la instrucción

Diferentes cuestiones legales, por ejemplo, el tiempo de prisión

Conexiones llenas de conflictos, presión conyugal o separación

Autolesiones, por ejemplo, cortarse o consumir, y visitas hospitalarias

Inclusión en las conexiones perjudiciales

Embarazos espontáneos, enfermedades de transmisión explícita, percances de vehículos de motor y batallas físicas por conductas indiscretas e inseguras

Suicidio consumado o acabado

Además, es posible que tengas otros problemas de bienestar emocional, por ejemplo,

Tristeza

Abuso de alcohol u otras sustancias

Problema de tensión

Trastorno por déficit de atención/hiperactividad (TDAH)

Cuestiones dietéticas

Trastorno de estrés postraumático (TEPT)

Confusión bipolar

TRATAMIENTOS

El trastorno límite de la personalidad afecta a cerca del 2% de cada individuo adulto e incluye al 20% de la población internada en centros psiquiátricos. Normalmente se observa durante la juventud, y se describe por la precariedad del temperamento, la perturbación de la imagen mental y el riesgo entusiasta. Se confía en que esta enfermedad se rompa con el desarrollo, con un avance viable de la personalidad. A pesar del hecho de que el trastorno límite de la personalidad no es un estado mental incapacitante, similar a la esquizofrenia, es visto como una dolencia intensa por la mayoría de los especialistas a causa del daño que un individuo atormentado puede traer a la persona en cuestión, durante el pináculo de la presión.

Alrededor del 9 al 75% de las personas con problemas de personalidad límite se automutilan, consumen drogas de forma crónica, son adictos al alcohol y realizan actividades autodestructivas. De esta población que lleva a cabo prácticas insensatas, entre el 8 y el 10% muerde realmente el polvo. Estos preocupantes resultados obligan a los especialistas clínicos a tratar la afección psicológica con medicamentos convincentes.

Un plan de tratamiento convincente debe incorporar sus inclinaciones y, al mismo tiempo, atender otras condiciones coincidentes que pueda tener. La psicoterapia es el tratamiento esencial para el trastorno límite de la personalidad. La psicoterapia es el tratamiento esencial para el trastorno límite de la personalidad y debe basarse en las necesidades del individuo, en lugar de en la conclusión general del TLP. Los fármacos son útiles para tratar los problemas comórbidos, por ejemplo, el desánimo y el nerviosismo. La hospitalización momentánea no se ha visto como más poderosa que la atención en red para mejorar los resultados o evitar a largo plazo la conducta autodestructiva en aquellos con TLP. El objetivo mayor del tratamiento es que el individuo con TLP autodirija progresivamente su propio plan de tratamiento a medida que se da cuenta de lo que funciona y lo que no.

-La psicoterapia, por ejemplo, la terapia dialéctico-conductual (TDC), la terapia cognitivo-conductual (TCC) y la psicoterapia psicodinámica- es la principal línea de decisión para el TLP. El aprendizaje de enfoques para adaptarse a la desregulación entusiasta en un entorno útil suele ser el camino para la mejora a largo plazo de quienes se enfrentan al TLP.

La psicoterapia suele ser el principal tratamiento para las personas con problemas de personalidad límite. La investigación reciente propone que la psicoterapia puede calmar algunos efectos secundarios, sin embargo, se esperan más exámenes para ver lo más probable es que la psicoterapia funciona bien.

Puede darse de forma individual entre el asesor y el paciente o en un entorno de reunión. Las reuniones de grupo dirigidas por el terapeuta pueden ayudar a instruir a las personas con problemas de personalidad límite sobre cómo relacionarse con los demás y cómo comunicarse con éxito. Es importante que las personas en tratamiento convivan con su asesor y confíen en él.

La propia idea del problema de personalidad límite puede dificultar que las personas con este problema mantengan un vínculo agradable y de confianza con su especialista.

Es importante que las personas en tratamiento convivan con su asesor y confíen en él. La propia idea del problema de personalidad límite puede dificultar que las personas con este problema mantengan este tipo de vínculo con su especialista.

La psicoterapia de larga duración es a partir de ahora el tratamiento de decisión para el TLP. Si bien la psicoterapia, específicamente la terapia dialéctica conductual y los enfoques psicodinámicos, es convincente, los impactos son escasos.

Los medicamentos más completos no son considerablemente superiores a los menos completos. Hay seis medicamentos de este tipo disponibles: la psicoterapia dinámica deconstructiva (DDP), el tratamiento basado en la mentalización (MBT), la psicoterapia centrada en la transferencia, la terapia conductual dialéctica (DBT), el manejo psiquiátrico general y la terapia centrada en el esquema. Aunque la DBT es el tratamiento que más se ha considerado, todos estos medicamentos parecen viables para tratar el TLP, aparte de la terapia centrada en el esquema. El tratamiento a largo plazo de cualquier tipo, incluyendo la terapia centrada en el esquema, es superior a la ausencia de tratamiento, particularmente en la disminución de los deseos de autolesión.

1.   Terapia cognitivo-conductual (TCC). La TCC   puede ayudar a las personas con problemas de personalidad límite a distinguir y cambiar las convicciones del centro, así como las prácticas que subyacen a la visión inexacta de sí mismos, así como de otras personas y problemas de interacción con los demás. La TCC puede ayudar a disminuir una serie de manifestaciones de estado de ánimo y malestar y reducir la cantidad de prácticas autodestructivas o de autoagresión.

La TCC puede ayudar a los individuos con trastorno límite de la personalidad a distinguir y cambiar las convicciones y prácticas centrales que subyacen a la impresión errónea de sí mismos, así como a otras personas y a los problemas de comunicación con los demás. La TCC puede ayudar a disminuir una serie de indicios de disposición y nerviosismo y a disminuir la cantidad de prácticas autodestructivas o de autoagresión.

Terapia cognitivo-conductual (TCC) - espera ayudarle a ver cómo sus consideraciones y convicciones pueden influir en sus emociones y conducta. La Terapia Cognitiva Analítica (TAC) - une las técnicas prácticas de la TCC con un énfasis en la conexión entre usted y su asesor. Esto puede ayudarte a echar un vistazo a cómo te identificas con las personas, incluido tú mismo, y qué ejemplos te han creado.

2.   Terapia Dialéctica Conductual (TDC) - utiliza un tratamiento individual y de grupo para ayudarle a aprender habilidades para adaptarse a los sentimientos problemáticos. Hasta este momento, el NICE ha prescrito este tratamiento para las mujeres con TLP que se auto-descartan regularmente, y se cree que también es útil para diferentes grupos. La Terapia Dialéctica Conductual (TDC) es un tipo de tratamiento destinado explícitamente a tratar a personas con TLP.

La DBT depende de la posibilidad de que 2 elementos significativos contribuyan a la aparición del TLP: usted es especialmente indefenso - por ejemplo, los bajos grados de estrés le hacen sentirse muy ansioso - usted experimentó la infancia en una situación en la que sus sentimientos fueron rechazados por todos los que le rodeaban - por ejemplo, uno de sus padres puede haberle revelado que usted no se reservaba ninguna opción para sentirse desanimado o que simplemente estaba "siendo insensato" en el caso de que se quejara de los sentimientos de malestar o estrés

Estos dos elementos pueden hacerte caer en un bucle sin fin: experimentas sentimientos graves y molestos, pero te sientes arrepentido e inútil por tener estos sentimientos. Como resultado de tu infancia, piensas que tener estos sentimientos te convierte en un individuo horrible. Estas reflexiones, en ese momento, conducen a sentimientos adicionales de malestar.

El objetivo de la TDC es romper este ciclo presentando 2 conceptos significativos: la validación; tolerar que tus sentimientos son legítimos, genuinos y aceptadosla dialéctica: una escuela de teoría que expresa que la mayoría de las cosas en la vida son de vez en cuando "oscuras o blancas" y que es crítico estar disponible a pensamientos y conclusiones que niegan los propios

El especialista en DBT utilizará las dos ideas para intentar conseguir cambios positivos en su conducta.

Por ejemplo, el asesor podría reconocer (aprobar) que los sentimientos de extrema amargura te hacen daño a ti mismo, y que seguir así no te convierte en un individuo horrendo e inútil.

En cualquier caso, el especialista se esforzaría entonces por cuestionar la suposición de que la auto-agresión es la mejor manera de adaptarse a los sentimientos de piedad.

Un objetivo definitivo de la TDC es permitirle "liberarse" de ver el mundo, sus vínculos y su vida de una manera excepcionalmente restringida e inflexible que le lleva a participar en conductas inseguras e imprudentes.

La TDC normalmente incluye reuniones individuales y de reunión semanales, y se le dará un número de contacto fuera de horario para que llame si sus manifestaciones se deterioran.

La DBT depende de la cooperación. Se confía en que usted trabaje con su asesor y los demás en sus reuniones de encuentro. Así, los especialistas cooperan como grupo.

La TDC ha demostrado tener especial éxito en el tratamiento de mujeres con TLP que tienen un historial marcado por la autoagresión y la conducta autodestructiva. Ha sido prescrita por el National Institute for Health and Care Excellence (NICE) como el principal tratamiento para que estas mujeres intenten

Terapia Dialéctica Conductual (TDC); Este tipo de tratamiento se centra en el concepto de atención, o monitoreo y atención a la situación actual.La TDC instruye las habilidades para controlar los sentimientos extremos, disminuye los comportamientos tontos y mejora las conexiones. Este tratamiento contrasta con la TCC en que busca el equilibrio entre el cambio y la tolerancia de las convicciones y las prácticas.

La TDC, que fue creada para personas con problemas de personalidad límite, utiliza ideas de cuidado y reconocimiento o de supervisión y atención a la circunstancia presente y al estado pasional, la TDC también instruye sobre aptitudes para controlar los sentimientos extremos, disminuir las prácticas imprudentes y mejorar las conexiones.

La Terapia Dialéctica Conductual (TDC) tiene segmentos comparativos con la TCC, incluyendo prácticas, por ejemplo, la reflexión. Al hacer esto, ayuda a la persona con TLP a adquirir aptitudes para supervisar las indicaciones. Estas aptitudes incorporan la orientación de los sentimientos, la atención y la solidez del estrés.

Las etapas utilizadas en la Terapia Dialéctica Conductual (TDC);

La terapia cognitivo-conductual (TCC) es también un tipo de psicoterapia utilizada para el tratamiento del TLP. Este tipo de tratamiento depende de cambiar las prácticas y convicciones de los individuos mediante el reconocimiento de los problemas de la agitación. La TCC es conocida por disminuir algunas indicaciones de nerviosismo y estado de ánimo, así como por disminuir las consideraciones autodestructivas y las prácticas de autoagresión.

Otro tipo de psicoterapia de larga duración que puede utilizarse para tratar el TLP es el tratamiento basado en la mentalización (TMB).

El tratamiento basado en la mentalización y la psicoterapia centrada en la transferencia dependen de los estándares psicodinámicos, y el tratamiento de la conducta persuasiva depende de los estándares sociales y de la atención psicológica. La administración mental general consolida los estándares centrales de cada una de estas medicinas, y es vista como más simple de aprender y menos concentrada. Los preliminares controlados aleatorios han indicado que la DBT y la MBT podrían ser las mejores, y las dos ofrecen numerosas similitudes. Los especialistas están interesados en crear adaptaciones más cortas de estos tratamientos para ampliar la disponibilidad, calmar el peso presupuestario en los pacientes y aliviar el problema de los activos en los proveedores de tratamiento.

Algunas exploraciones muestran que la reflexión asistencial puede lograr cambios auxiliares ideales en la mente, recordando los cambios para las estructuras cerebrales que están relacionadas con el TLP. Las intercesiones basadas en la atención parecen igualmente lograr una mejora en los efectos secundarios normales del TLP, y unos pocos clientes que experimentaron un tratamiento basado en la atención no volvieron a cumplir al menos cinco de los criterios analíticos del DSM-IV-TR para el TLP.

Terapia basada en la mentalización (MBT) - significa ayudarle a percibir y comprender sus estados psicológicos y los de los demás, y a inspeccionar sus reflexiones sobre sí mismo y sobre otras personas. La MBT se basa en la idea de que los individuos con TLP tienen una pobre capacidad de mentalización.

La mentalización es la capacidad de considerar el pensamiento. Esto implica examinar las propias reflexiones y convicciones, y evaluar si son útiles, razonables y dependen del mundo real.

Por ejemplo, numerosos individuos con TLP tendrán una inclinación abrupta a autolesionarse y después satisfarán ese estímulo sin abordarlo. No tienen la capacidad de "dar un paso atrás" de ese deseo y decirse a sí mismos: "Esa no es una perspectiva sólida y sólo estoy razonando en esta línea ya que estoy perturbado".

Otra pieza importante de la mentalización es percibir que los demás tienen sus propias contemplaciones, sentimientos, convicciones, deseos y necesidades, y que tu comprensión de los estados psicológicos de los demás puede no ser realmente correcta. Además, debes conocer el efecto potencial que tus actividades tendrán en los estados psicológicos de los demás.

El objetivo de la MBT es mejorar tu capacidad de percibir tus propios estados psicológicos y los de los demás, averiguar cómo "dar un paso atrás" en tus elucubraciones sobre ti mismo y sobre los demás y observarlas para comprobar si son legítimas.

Al principio, el TMB puede ser transmitido en una clínica de urgencias, donde permanecerá como paciente interno. El tratamiento consiste en su mayor parte en reuniones diarias con un especialista y en reuniones con otras personas con TLP.

Un curso de MBT suele durar alrededor de un año y medio. Algunas clínicas médicas y focos de autoridad le instan a permanecer como paciente interno durante este tiempo. Otras clínicas y centros médicos pueden sugerirle que abandone la clínica de urgencias después de un periodo de tiempo específico, pero que siga siendo tratado como paciente externo, visitando la clínica de urgencias normalmente.

3.   Terapia centrada en los esquemas. Este tipo de tratamiento consolida los componentes de la TCC con diferentes tipos de psicoterapia que se centran en el reencuadre de los esquemas, o la forma en que los individuos se ven a sí mismos. Esta metodología se basa en la posibilidad de que el trastorno límite de la personalidad provenga de una visión mental inútil de sí mismo -posiblemente provocada por encuentros juveniles antagónicos- que influye en la forma en que los individuos reaccionan a su condición, interactúan con los demás y se adaptan a los problemas o al estrés.

4.   La terapia centrada en la transferencia espera separarse del razonamiento total. En este momento, los individuos para explicar sus entendimientos sociales y sus sentimientos con el fin de transformar sus perspectivas en clases menos inflexibles. El especialista atiende a las emociones de la persona y repasa las circunstancias, genuinas o sensatas, que podrían ocurrir así como la forma de avanzar hacia ellas.

5.   Tratamiento de los pacientes con trastorno límite de la personalidad

La experiencia clínica recomienda que hay varios puntos destacados normales que ayudan a controlar al psicoterapeuta, prestando poca atención al tipo particular de tratamiento utilizado. Estos puntos destacados incluyen la estructuración de una asociación de recuperación sólida y la observación del comportamiento suicida y las prácticas autodestructivas. Algunos especialistas hacen una cadena de mando de las necesidades a considerar en el tratamiento (por ejemplo, concentrarse primero en la conducta autodestructiva). Otras intercesiones importantes incorporan la aprobación de la miseria y la experiencia del paciente, así como ayudar al paciente a asumir la responsabilidad de sus actividades. Dado que los pacientes con problemas de personalidad límite pueden mostrar un amplio conjunto de cualidades y deficiencias, la adaptabilidad es una parte fundamental del éxito del tratamiento. Diferentes segmentos del tratamiento viable para los pacientes con problema de personalidad límite incorporan la supervisión de los sentimientos (tanto en el paciente como en el asesor), la promoción de la reflexión frente a la actividad precipitada, la disminución de la inclinación del paciente a participar en la despedida y el establecimiento de límites a cualquier práctica imprudente.

La psicoterapia psicodinámica individual sin el correspondiente tratamiento de reunión u otras modalidades de clínica médica de medio camino tiene cierta ayuda observacional. Los escritos sobre el tratamiento en grupo o la preparación de las aptitudes de reunión para los pacientes con problemas de personalidad límite son limitados, pero muestran que este tratamiento puede ser útil. Los enfoques de reunión se utilizan normalmente en combinación con el tratamiento singular y otros tipos de tratamiento. Los escritos distribuidos sobre el tratamiento de parejas son limitados, pero recomiendan que puede ser una metodología de tratamiento complementaria valiosa y, en ocasiones, básica.

Sea como fuere, no se prescribe como el principal tipo de tratamiento para los pacientes con problemas de personalidad límite. Aunque la información sobre el tratamiento familiar es adicionalmente limitada, proponen que un enfoque psicoeducativo podría ser útil. Los informes clínicos distribuidos varían en sus sugerencias sobre la idoneidad del tratamiento familiar y la asociación de la familia en el tratamiento; el tratamiento familiar no se prescribe como el tipo principal de tratamiento para los pacientes con problema de personalidad límite.

En general, dos metodologías psicoterapéuticas han aparecido en los preliminares controlados aleatorios como adecuadas: la terapia psicoanalítica/psicodinámica y la terapia conductual dialéctica. El tratamiento que se da en estos preliminares tiene tres puntos clave: reuniones semanales con un especialista individual, al menos una reunión semanal del grupo y reuniones de terapeutas para consulta/supervisión.

Esto anima a los pacientes a averiguar cómo controlar sus sentimientos, asumir la responsabilidad de sus vidas y utilizar formas positivas de afrontar el estrés para atravesar las dificultades. La psicoterapia utiliza el acuerdo de "no suicidio" para reducir la posibilidad de fallecer y, al mismo tiempo, comprometer al paciente a repudiar su propia miseria y buscar ayuda cuando sea necesario. La psicoterapia también ofrece una vía para la reconstrucción subjetiva, en la que se rectifica la visión negativa y rota de la persona en cuestión sobre sí misma y el mundo.

No hay resultados accesibles a partir de exámenes directos de estas dos formas de tratamiento que recomienden qué pacientes pueden reaccionar mejor a qué tipo de tratamiento. Aunque el tratamiento breve para el problema de personalidad límite no ha sido inspeccionado deliberadamente, las investigaciones del tratamiento progresivamente ampliado recomiendan que la mejora generosa puede no ocurrir hasta después de aproximadamente 1 año de mediación psicoterapéutica se ha dado; numerosos pacientes requieren un tratamiento significativamente más largo.

Al igual que sintonizar y hablar de los temas significativos con usted, el psicoterapeuta puede recomendar enfoques para determinar los problemas y, si es fundamental, ayudarle a cambiar su mentalidad y conducta. El tratamiento para el TLP pretende ayudar a los individuos a mostrar signos de mejora de la sensación de dominio sobre sus consideraciones y sentimientos.

La psicoterapia para el TLP sólo debe ser transmitida por un profesional preparado. Por lo general, será un especialista, un terapeuta u otro experto en bienestar emocional preparado. Intenta no ser reacio a obtener información sobre su experiencia.

El tipo de psicoterapia que elija puede basarse en una mezcla de inclinación individual y la accesibilidad de medicamentos explícitos en su vecindario. El tratamiento del TLP puede durar un año o más, dependiendo de tus necesidades y de cómo lleves tu vida.

- Farmacoterapia y otros tratamientos sustanciales

La farmacoterapia se utiliza para tratar las manifestaciones del estado durante los momentos de descompensación intensa al igual que las vulnerabilidades de los atributos. Las manifestaciones mostradas por los pacientes con el problema de personalidad límite con frecuencia caen dentro de tres medidas de conducta - desregulación de los sentimientos, descontrol social imprudente y problemas de percepción psicológica - para las cuales se pueden utilizar metodologías de tratamiento farmacológico explícitas.

(I) Tratamiento de los efectos secundarios de la desregulación de los sentimientos

Los pacientes con el problema de la personalidad límite que muestran esta medida muestran la responsabilidad del temperamento, la afectabilidad de despido, el resentimiento extremo incorrecto, los "cambios de humor" agobiantes o los trastornos del temperamento. Estas indicaciones deben ser tratadas al principio con un inhibidor específico de la recaptación de serotonina (ISRS) o un energizante relacionado, por ejemplo, venlafaxina. Las investigaciones sobre los antidepresivos tricíclicos han dado resultados contradictorios. Cuando la desregulación emocional se manifiesta en forma de malestar, el tratamiento con un ISRS puede ser insuficiente, y debe considerarse el uso de una benzodiacepina, a pesar de que los estudios sobre estos fármacos en pacientes con problemas de personalidad limítrofe son limitados, y su uso conlleva algunos riesgos potenciales.

Cuando la desregulación emocional se manifiesta como una indignación desinhibida que coincide con otros indicios de plenitud de sentimientos, los ISRS son adicionalmente el tratamiento de decisión. La experiencia clínica propone que para los pacientes con descontrol social grave, los neurolépticos de baja proporción pueden añadirse a la rutina para una reacción rápida y la mejora de los efectos secundarios de la plenitud de sentimientos.

A pesar de que la viabilidad de los inhibidores de la monoaminooxidasa (IMAO) para la desregulación emocional en pacientes con problemas de personalidad límite tiene una sólida ayuda exacta, los IMAO no son un tratamiento de primera línea debido al peligro de reacciones genuinas y los desafíos con la adherencia a las limitaciones dietéticas requeridas. Los estabilizadores mentales (litio, valproato, carbamazepina) son un tratamiento más de segunda línea (o adyuvante) para la desregulación completa de los sentimientos, a pesar de que las investigaciones de estas metodologías son restringidas. Hay escasa información sobre la viabilidad del tratamiento electroconvulsivo (TEC) para el tratamiento de los efectos secundarios de la desregulación de los sentimientos en pacientes con

La experiencia clínica propone que mientras que la TEC puede aquí y allí ser demostrado para los pacientes con comórbida grave hub I pena que es impermeable a la farmacoterapia, lleno de sentimiento destaca de la cuestión de la personalidad límite son probablemente no va a reaccionar a la TEC.

Un cálculo que delinea los pasos que se pueden dar en el tratamiento de los indicios de desregulación de los sentimientos en pacientes con problemas de personalidad límite.

(ii) Tratamiento de los efectos secundarios del descontrol social incauto

Los pacientes con un problema de personalidad límite que muestran esta medida muestran una hostilidad imprudente, una automutilación o una conducta autolesiva (por ejemplo, sexo desenfrenado, abuso de sustancias, gasto insensato). Cuando el descontrol conductual representa un verdadero peligro para el bienestar del paciente, puede ser importante añadir un neuroléptico de baja dosis al ISRS. La experiencia clínica propone que la adecuación a medio camino de un ISRS podría mejorarse incluyendo litio. En caso de que un ISRS sea ineficaz, podría considerarse el cambio a un IMAO. También se puede considerar la utilización de valproato o carbamazepina para el control de la motivación, a pesar de que no hay muchas investigaciones de estos medicamentos para la hostilidad indiscreta en pacientes con problema de personalidad límite. Las pruebas iniciales recomiendan que los neurolépticos atípicos pueden tener cierta viabilidad para la impulsividad en pacientes con problema de personalidad límite.

(iii) Tratamiento de los síntomas perceptivos psicológicos

Los pacientes con problemas de personalidad límite que presentan esta medida muestran suspicacia, razonamiento referencial, ideación neurótica, engaños, desrealización, despersonalización o manifestaciones similares a un viaje mental. Los neurolépticos de baja porción son el tratamiento de decisión para estos efectos secundarios. Estos fármacos pueden mejorar los efectos secundarios de tipo maníaco, así como el estado de ánimo desanimado, la impulsividad y las vibraciones de ultraje/amenaza. En caso de que la reacción sea problemática, la dosis debe ampliarse a un rango apropiado para tratar el problema del pivote I.

-Grupo de personas terapéuticas (TCs)

Las comunidades terapéuticas (CT) son situaciones organizadas en las que se reúnen individuos con una serie de condiciones y necesidades mentales complejas para asociarse y participar en el tratamiento.

Las CT pretenden ayudar a las personas con problemas de entusiasmo de larga duración y con un historial marcado por la autoagresión, instruyéndoles en las habilidades que se esperan para cooperar socialmente con los demás.

La mayoría de las CT son privadas, por ejemplo, en casas enormes, donde se permanece de 1 a 4 días por semana.

Al igual que la participación en el tratamiento individual y de reunión, se le confiaría la realización de diferentes ejercicios destinados a mejorar sus habilidades sociales y la seguridad en sí mismo, por ejemplo, las tareas de la unidad familiar, la organización de la cena, los juegos, los deportes y otros ejercicios recreativos, las reuniones ordinarias de la red - donde las personas hablan de cualquier problema que haya surgido en la red

Las CT se gestionan con una premisa basada en la popularidad. Esto implica que cada habitante y cada miembro del personal tiene una decisión sobre cómo debe funcionar la CT, incluyendo si un individuo es razonable para ser admitido en esa red.

Independientemente de que su grupo de consideración considere que puede beneficiarse invirtiendo energía en una CT, esto no significa naturalmente que la CT le permita unirse.

Numerosas CT establecen normas sobre lo que se considera una conducta digna dentro de la red, por ejemplo, no beber alcohol, no ser brutal con otros ocupantes o con el personal y no intentar autolesionarse. A las personas que incumplen estas normas se les suele aconsejar que abandonen la CT.

Aunque unas pocas personas con TLP han detallado que el tiempo pasado en una CT ayudó a sus efectos secundarios, aún no hay suficientes pruebas para decir si las CT ayudarían a todos los que padecen TLP.

Asimismo, como resultado de los principios regularmente severos sobre la conducta, un TC presumiblemente no sería apropiado si un individuo tuviera desafíos notables para controlar su conducta.

-Medicamentos;

La medicación puede ser fundamental para un plan de tratamiento, pero no hay ningún medicamento hecho explícitamente para tratar las indicaciones centrales del TLP. O tal vez, algunos medicamentos pueden ser utilizados fuera del nombre para tratar diferentes efectos secundarios. Por ejemplo, los estabilizadores del estado de ánimo y los antidepresivos ayudan con los cambios de mentalidad y la disforia. Además, para algunos, la prescripción de antipsicóticos de baja proporción puede ayudar a controlar las indicaciones, por ejemplo, el razonamiento complicado.

La hospitalización momentánea puede ser importante en momentos de presión extraordinaria o de conducta potencialmente incauta o autodestructiva para garantizar la seguridad.

Una encuesta de 2010 realizada por la cooperación Cochrane encontró que ningún fármaco muestra garantía para "las indicaciones centrales del TLP de sentimientos interminables de vacío, agravamiento de la personalidad y renuncia". En cualquier caso, los creadores encontraron que unos pocos medicamentos pueden afectar a las manifestaciones separadas relacionadas con el TLP o los efectos secundarios de las condiciones comórbidas. Una auditoría de 2017 inspeccionó la prueba distribuida desde la encuesta Cochrane de 2010 y encontró que "la prueba de la viabilidad de la droga para BPD permanece mezclada sigue siendo excepcionalmente socavada por la estructura de investigación imperfecta".

De los antipsicóticos concentrados correspondientes al TLP, el haloperidol puede disminuir la indignación y el flupentixol la probabilidad de conducta autodestructiva. Entre los antipsicóticos atípicos, un estudio preliminar descubrió que el aripiprazol puede disminuir los problemas relacionales y la impulsividad. La olanzapina, al igual que la quetiapina, puede disminuir la inseguridad emocional, la indignación, las manifestaciones de sospecha de locura y la tensión, aunque un tratamiento falso tuvo una ventaja más prominente sobre la ideación autodestructiva que la olanzapina. El impacto de la ziprasidona no fue digno de mención.

De los estabilizadores del estado de ánimo considerados, el valproato semisódico puede mejorar la tristeza, la impulsividad, los problemas relacionales y la indignación. La lamotrigina puede disminuir la impulsividad y la indignación; el topiramato puede aumentar los problemas relacionales, la impulsividad, la tensión, la indignación y la patología mental general. El impacto de la carbamazepina no fue crítico. De los antidepresivos, la amitriptilina puede disminuir la miseria, pero la mianserina, la fluoxetina, la fluvoxamina y el sulfato de fenelzina no demostraron ningún impacto. La grasa insaturada omega-3 puede aumentar la suicidalidad y mejorar la desdicha. A partir de 2017, los preliminares con estas prescripciones no habían sido recreados y el impacto del uso a largo plazo no había sido evaluado.

En vista de las débiles pruebas y el potencial de reacciones genuinas de una parte de estos medicamentos, el Instituto Nacional para la Salud y la Excelencia Clínica del Reino Unido (NICE) 2009 regla clínica para el tratamiento y los ejecutivos de BPD prescribe, "El tratamiento de la medicación no debe ser utilizado explícitamente para el problema de la personalidad límite o para las indicaciones individuales o conducta relacionada con la agitación". Sin embargo, "el tratamiento con tranquilizantes podría considerarse en el tratamiento general de las condiciones comórbidas". Proponen una "auditoría del tratamiento de los individuos con problema de personalidad límite que no tienen una enfermedad mental o física comórbida analizada y a los que se les están recomendando fármacos, con el fin de disminuir y detener el tratamiento farmacológico superfluo".

ES IMPORTANTE BUSCAR -Y SEGUIR- EL TRATAMIENTO.

Los estudios financiados por el NIMH demuestran que los pacientes con problemas de personalidad límite que no reciben un tratamiento satisfactorio están destinados a crear otras inestabilidades clínicas o psicológicas incesantes y son más reacios a tomar decisiones sólidas sobre su vida. El problema de personalidad limítrofe está igualmente relacionado con un ritmo esencialmente más alto de conductas autodestructivas y de autolesión que todo el mundo.

Las prescripciones no se utilizan normalmente como tratamiento esencial para el problema de personalidad límite, ya que las ventajas son indistintas. No obstante, a veces, un terapeuta puede prescribir recetas para tratar manifestaciones explícitas, por ejemplo, cambios de mentalidad, miseria u otros problemas mentales que pueden ocurrir con el problema de personalidad límite. El tratamiento con fármacos puede requerir la atención de más de un experto clínico.

Ciertas prescripciones pueden causar diversas reacciones en varios individuos. Las personas deben conversar con su proveedor sobre lo que les depara una receta específica.

Para los casos escandalosos, se exhorta a la hospitalización. El dolor grave llevará a un individuo con un problema de personalidad límite a acabar con todo y a prevalecer en él. Para evitarlo, se requiere una supervisión constante y un tratamiento clínico rápido. Las clínicas de emergencia y las organizaciones mentales cuentan con las oficinas esenciales para garantizar la seguridad y el bienestar de la persona. Estas fundaciones también tienen medidas suficientes de personal que podría ver y cuidar de las necesidades de los pacientes, de una manera que sería generalmente útil para ellos.

En relación con la psicoterapia y la hospitalización, se administran medicamentos para controlar los efectos secundarios ruinosos del problema de personalidad límite y mejorar la prosperidad del individuo. Se administran porciones bajas de fármacos antipsicóticos a los individuos con problema de personalidad límite durante breves escenas de locura. Los antidepresivos y los ansiolíticos también se recomiendan para el tratamiento de los estados pasionales explícitos.

Diferentes ELEMENTOS DE ATENCIÓN

Algunas personas con problemas de personalidad límite experimentan manifestaciones extremas y requieren una atención intensiva, normalmente en régimen de hospitalización. Otros pueden requerir medicación ambulatoria, pero nunca necesitan hospitalización o atención en crisis.

Tratamiento para cuidadores y familiares

Los grupos de personas con problemas de personalidad límite también pueden beneficiarse del tratamiento. Tener un pariente con el trastorno puede ser perturbador, y los parientes pueden actuar accidentalmente de maneras que exacerban las indicaciones de su pariente. Algunos tratamientos del problema de personalidad límite recuerdan a los familiares las reuniones de tratamiento. Estas reuniones ayudan a las familias a crear habilidades para comprender y reforzar más fácilmente a un pariente con problema de personalidad límite. Otros tratamientos se centran en las necesidades de los familiares para ayudarles a comprender los impedimentos y los procedimientos para pensar en alguien con un problema de personalidad límite. Aunque se espera que haya más investigación para decidir la viabilidad del tratamiento familiar en el problema de personalidad límite, los estudios sobre otros problemas mentales proponen que incluir a los familiares puede ayudar en el tratamiento del individuo.

DIAGNÓSTICO

La determinación depende de las manifestaciones, mientras que puede realizarse una evaluación clínica para descartar diferentes cuestiones. La afección debe separarse de un problema de carácter o de consumo de sustancias, entre diferentes perspectivas.

Trágicamente, el trastorno límite de la personalidad suele estar infradiagnosticado o mal diagnosticado.

Un experto en bienestar psicológico con experiencia en el diagnóstico y tratamiento de los trastornos mentales -por ejemplo, un terapeuta, un analista, un trabajador social clínico o un asistente médico mental- puede reconocer el problema de personalidad límite en función de una reunión exhaustiva y una conversación sobre los efectos secundarios. Un examen clínico cauteloso e intensivo puede ayudar a descartar con el viaje otras razones potenciales para las indicaciones.

El experto en bienestar emocional puede obtener cierta información sobre las indicaciones y los relatos clínicos individuales y familiares, incluidos los antecedentes de desajustes psicológicos. Estos datos pueden ayudar al experto en bienestar psicológico a establecer el mejor tratamiento. De vez en cuando, las inestabilidades psicológicas concurrentes pueden tener manifestaciones que cubren el problema de personalidad límite, lo que hace difícil reconocer el problema de personalidad límite de otros comportamientos disfuncionales. Por ejemplo, un individuo puede manifestar sentimientos de tristeza, pero puede no presentar efectos secundarios diferentes a la consideración del experto en bienestar emocional.

Ninguna prueba puede analizar el problema de la personalidad límite. Los investigadores subvencionados por el NIMH están buscando enfoques para mejorar la detección de este problema. Una investigación descubrió que los adultos con problemas de personalidad límite mostraban respuestas apasionadas exageradas cuando veían palabras con implicaciones terribles, en contraste con los individuos sólidos. Los individuos con un problema de personalidad límite cada vez más extremo demostraron una reacción pasional más intensa que los individuos que tenían un problema de personalidad límite menos grave.

El TLP se trata habitualmente con un tratamiento, por ejemplo, la terapia cognitivo-conductual (TCC)]. Otro tipo, el tratamiento de la conducta argumentativa (DBT), puede disminuir el peligro de suicidio. El tratamiento puede realizarse de forma individual o en una reunión. Si bien las recetas no solucionan el TLP, pueden utilizarse para ayudar con los síntomas relacionados.Algunos individuos requieren atención clínica de emergencia.

Evaluación;

Su evaluación será presumiblemente realizada por un maestro en temas de personalidad, normalmente un clínico o especialista.

Para analizar el TLP se utilizan criterios percibidos globalmente. Por lo general, se puede hacer un hallazgo en caso de que se responda "sí" a por lo menos 5 de las preguntas adjuntas:

¿Tiene usted un temor excepcional a que no le hagan caso, lo que le hace actuar de forma que, en conjunto, parece extraña o extraordinaria, por ejemplo, llamando continuamente a alguien (sin embargo, excluyendo la conducta autodestructiva o de autolesión)?

¿Tiene algún ejemplo de asociaciones extraordinarias y endebles con otras personas que cambien entre la intuición de que ama a ese individuo y que es brillante a aborrecerlo y creer que es horrendo?

¿Alguna vez ha sentido que no tiene su propio sentimiento sólido y que es indistinto de su visión mental?

¿Participas en ejercicios incautos en 2 regiones que posiblemente sean perjudiciales, por ejemplo, sexo peligroso, abuso de medicamentos o gastos locos (sin embargo, excluyendo las conductas autodestructivas o de autolesión)?

¿Has hecho refrito de los peligros de suicidio o de los intentos de hace tiempo y te has ocupado de autolesionarte?

¿Tiene episodios emocionales graves, por ejemplo, sentirse muy desanimado, con los nervios de punta o de mal humor, que duran de un par de horas a un par de días?

¿Tiene sentimientos de vacío y abatimiento de larga duración?

¿Tiene usted sentimientos bruscos y extremos de indignación y animosidad, y piensa regularmente que es difícil controlar su fastidio?

Cuando te encuentras en circunstancias desagradables, ¿tienes sentimientos de desconfianza, o tienes la sensación de estar desvinculado del mundo o de tu propio cuerpo, contemplaciones y conducta?

Implicar a los familiares;

Cuando se ha afirmado un análisis de TLP, se sugiere que se comunique la conclusión a la familia cercana, a los compañeros y a las personas de confianza.

Hay varios propósitos detrás de esto.

Un número importante de los indicios del TLP influyen en sus asociaciones con las personas cercanas, por lo que incluirlas en su tratamiento puede hacerlas conscientes de su condición y hacer que su tratamiento sea progresivamente convincente.

Así, tus seres queridos podrán estar atentos a cualquier conducta que pueda demostrar que tienes una emergencia.

También pueden beneficiarse de los grupos de atención cercanos y de diferentes administraciones para las personas que tienen una relación con una persona con TLP.

Sea como fuere, la decisión de hablar de su condición es totalmente suya, y su secreto se considerará de forma coherente.

-¿Se está investigando   para mejorar la determinación del trastorno límite de la personalidad?

Los estudios de neuroimagen en curso muestran contrastes en la estructura y capacidad del cerebro entre los individuos con problemas de personalidad límite y los que no tienen esta enfermedad. Algunos exámenes proponen que los territorios cerebrales asociados a las reacciones entusiastas se vuelven hiperactivos en los individuos con problemas de personalidad límite cuando realizan tareas que consideran contrarias.

Los individuos con la agitación también muestran menos acción en las regiones del cerebro que ayudan a controlar los sentimientos y las motivaciones de fuerza y permiten a los individuos comprender el entorno de una circunstancia. Estos descubrimientos pueden ayudar a clarificar los estados mentales inseguros y aquí y allá peligrosos que son normales en el problema de la personalidad límite.

Otro examen demostró que, al contemplar imágenes sinceramente pesimistas, los individuos con problemas de personalidad límite utilizaban varias zonas del cerebro que los individuos sin el trastorno. Los que padecen la dolencia utilizaban en general zonas del cerebro identificadas con las actividades reflexivas y la disposición, lo que puede revelar la propensión a actuar de forma indiscreta ante los signos entusiastas.

Estos descubrimientos podrían iluminar los esfuerzos para hacer crecer pruebas cada vez más explícitas para analizar el tema de la personalidad límite

Qué desencadena el trastorno límite de la personalidad;

Muchas personas con trastorno límite de la personalidad (TLP) tienen desencadenantes, es decir, ocasiones o circunstancias específicas que empeoran o aumentan sus indicios. Los desencadenantes del TLP pueden variar de un individuo a otro, sin embargo hay algunos tipos de desencadenantes que son extremadamente básicos en el TLP.

`Por ejemplo, los individuos con un problema de personalidad límite pueden sentirse furiosos y preocupados por pequeñas separaciones, por ejemplo, excursiones, salidas del trabajo o cambios inesperados de planes de personas a las que se sienten cercanas. Los estudios demuestran que los individuos con este problema pueden ver la indignación en una cara sinceramente imparcial y tener una respuesta más fundamentada a las palabras con implicaciones pesimistas que los individuos que no tienen el trastorno.

Los pocos tipos de desencadenantes que son extremadamente básicos en el TLP;

Activadores de la relación

Los desencadenantes más conocidos del TLP son los desencadenantes de las relaciones o los problemas relacionales. Numerosos individuos con TLP experimentan un temor y una indignación extraordinarios, una conducta incauta, un daño a sí mismos e incluso pensamientos suicidas en las ocasiones en las que la relación les hace sentirse despedidos, censurados o abandonados. Esta es una maravilla llamada afectación por abandono o despido.

Por ejemplo, puedes sentirte activado cuando dejas un mensaje a un compañero y no te devuelven la llamada. Tal vez después de poner la llamada, esperas un par de horas, y después empiezas a tener reflexiones como: "No me contesta, debe estar angustiada conmigo". Estas contemplaciones pueden devanarse a partir de ese momento en cosas como: "Es de suponer que me odia" o "Nunca tendré una compañera que se quede cerca". Con estas consideraciones en espiral vienen efectos secundarios en espiral, por ejemplo, sentimientos excepcionales, indignación y deseos de autolesionarse.

Desencadenantes psicológicos

Algunas veces puede ser activado por ocasiones internas, por ejemplo, consideraciones que aparentemente pueden dejar el azul. Esto es especialmente válido para los individuos que tienen BPD identificado con percances horribles como el mal uso de la infancia.

Por ejemplo, un recuerdo o una imagen de un encuentro pasado, similar a un percance horrible o una desgracia, puede desencadenar sentimientos extraordinarios y otros efectos secundarios del TLP. El recuerdo no debe ser realmente perturbador para desencadenar los efectos secundarios. Algunas personas se activan con recuerdos de buenas ocasiones de un tiempo anterior, lo que puede ser una actualización de que las cosas no son tan aceptables en este momento.

Condiciones relacionadas

El TLP puede ser difícil de analizar y tratar, y el tratamiento eficaz incorpora la atención a algunas otras condiciones que un individuo puede tener. Muchos con BPD también experimentan condiciones adicionales como:

El TLP y otros problemas de salud emocional/mental. Es totalmente esperable encontrar otros problemas de bienestar emocional cerca del TLP, que podrían incluir: tensión y ataques de ansiedad, trastornos disociativos, psicosis, confusión bipolar.

Otro problema de personalidad

Trastornos del malestar

Trastorno de estrés postraumático

Cuestiones dietéticas (principalmente bulimia nerviosa)

Depresión

Trastorno bipolar

Trastorno por déficit de atención/hiperactividad (TDAH)

Trastornos por consumo de sustancias/Diagnóstico dual

Trastorno de estrés postraumático (TEPT)

Suicidio y autoagresión

La conducta autolesiva incorpora el suicidio y los intentos de suicidio, al igual que las prácticas autolesivas, representadas a continuación.

Hasta el 80 por ciento de los individuos con trastorno límite de la personalidad tienen prácticas autodestructivas y alrededor del 4 al 9 por ciento acaban con todo.

El suicidio es uno de los resultados más terribles de cualquier inestabilidad psicológica. Algunos medicamentos pueden ayudar a disminuir las prácticas autodestructivas en individuos con problemas de personalidad límite. Por ejemplo, un examen demostró que la terapia conductual dialéctica (TDC) disminuyó los intentos de suicidio en las mujeres de manera significativa en contraste con diferentes tipos de psicoterapia, o tratamiento de conversación. DBT igualmente disminuyó la utilización de la sala de crisis y los beneficios de los pacientes hospitalizados y mantuvo más miembros en el tratamiento, en contraste con diferentes formas de abordar el tratamiento.

En absoluto como los intentos de suicidio, los comportamientos de autoagresión no tienen su origen en el deseo de estirar la pata. En cualquier caso, algunas prácticas de autoagresión pueden ser peligrosas. Las prácticas de autoagresión relacionadas con el problema de personalidad límite incluyen recortar, consumir, golpear, golpear la cabeza, tirar del pelo y otros actos destructivos. Los individuos con trastorno límite de la personalidad pueden autolesionarse para ayudar a manejar sus sentimientos, para rechazarse a sí mismos o para comunicar su agonía. Por lo general, no consideran que esto sea tan inseguro

COMPORTAMIENTOS AUTODESTRUCTIVOS

El problema de personalidad límite está relacionado con un mayor ritmo de suicidio y prácticas de autolesión. Los pacientes con trastorno límite de la personalidad que están pensando en autolesionarse o en intentar suicidarse necesitan ayuda inmediatamente.

El trastorno límite de la personalidad suele ir acompañado de otras enfermedades psicológicas. Estas cuestiones que ocurren conjuntamente pueden hacer más difícil el análisis y el tratamiento del problema de la personalidad límite, particularmente si las indicaciones de las diferentes enfermedades cubren los efectos secundarios del problema de la personalidad límite. Por ejemplo, un individuo con problema de personalidad límite podría estar obligado a encontrar también manifestaciones de miseria significativa, confusión bipolar, problema de tensión, abuso de sustancias, o problemas dietéticos.

EL TBP Y EL BIPOLAR;

El Trastorno Límite de la Personalidad no es tan básico como el Bipolar, el 20% de las afirmaciones de la clínica médica para la inadaptación psicológica se determina que tienen este problema, mientras que el 50% de las hospitalizaciones por comportamiento disfuncional son pacientes bipolares. Las señoras jóvenes son la reunión progresivamente conocida para crear el Trastorno de Personalidad Límite, mientras que el bipolar influye en las dos personas de manera similar prestando poca atención a la edad.

Los episodios emocionales, por ejemplo, la tensión, el abatimiento y los brotes salvajes son conocidos por los dos pacientes con Trastorno Límite de la Personalidad y los bipolares. Con los pacientes Bipolares estos efectos secundarios pueden un semanas o meses en un ciclo, mientras que en el Trastorno Límite de la Personalidad puede durar sólo un par de horas o un día.

Con el Trastorno Límite de la Personalidad, un paciente puede llegar a periodos en los que no tiene ni idea de cuáles son sus preferencias, quién es como individuo o sus propias inclinaciones. Sus objetivos a largo plazo pueden cambiar con frecuencia, y el intento de adherirse a una acción se vuelve problemático. Siguen sin pensar realmente con atracones, atracones de compras y pueden disfrutar de contactos sexuales con personas ajenas. La locura también está presente en los pacientes bipolares.

Los pacientes con Trastorno Límite de la Personalidad experimentan igualmente la vacuidad, los sentimientos de ser mal interpretados o maltratados y la inutilidad; de forma muy parecida a las indicaciones sentidas en la desdicha de los pacientes con Bipolaridad.

En cuanto a las conexiones, un paciente con Trastorno Límite de la Personalidad tendrá límites de estar completamente enamorado o despreciar a alguien con entusiasmo. Breve que será enamorado, en ese momento un poco molesto o la lucha en una fracción de segundo hacer que aborrecen ese individuo. En el caso de que teman ser abandonados, el paciente se desanima, se siente desestimado y puede llegar a suicidarse. Los pacientes bipolares también tienen estos problemas con respecto a las conexiones.

Los medicamentos para ambos problemas son también comparables. Un especialista recomendará tanto la medicación como el tratamiento, la decisión favorecida. La Terapia Cognitivo-Conductual se desarrolló inicialmente en pacientes con Trastorno Límite de la Personalidad, pero se vio como fructífera para los pacientes Bipolares. Hay diferentes prescripciones para ambas inestabilidades psicológicas que han sido para lograr resultados aceptables.

Hay un pensamiento mínimo sobre las dos enfermedades que se cree que son hereditarias o debido a la tierra. La investigación muestra que la idea de Bipolar es progresivamente natural y genética, aunque el Trastorno Límite de la Personalidad se espera más a las actualizaciones de la tierra y las circunstancias.

Estas similitudes muestran que cualquiera de las dos enfermedades es difícil de reconocer y analizar, tanto para los especialistas como para los clínicos. Cualquier persona que está experimentando estos efectos secundarios debe clínica o competente orientación para la correcta conclusión y el tratamiento. La autodeterminación no es el enfoque más ideal para el tratamiento de sus manifestaciones en particular con el Bipolar y el Trastorno Límite de la Personalidad. Un especialista o analista es el mejor individuo para exhortar a todos juntos para el tratamiento eficaz para ser aprobado, y darle la oportunidad más evidente para hacer frente a su enfermedad psicológica para un futuro superior.

Amar a una persona con TLP;

Debemos estudiar los importantes efectos secundarios del trastorno límite de la personalidad (TLP):

Tienen conexiones violentas y tormentosas, lo que hace difícil mantener el trabajo o una relación acogedora.

Han visitado a los entusiastas, comunicando con frecuencia su conmoción con ataques bulliciosos, agresiones físicas o demostraciones de retribución.

A pesar de que son intensamente sensibles a ser rendidos y despedidos, son brutalmente despectivos con los más cercanos.

Ven a los demás como "geniales" o "horribles". Un compañero, un padre o un especialista puede ser idealizado un día, pero visto al día siguiente como un individuo horrible por no satisfacer sus esperanzas.

Pueden llevar a cabo acciones imprudentes (por ejemplo, conducir de forma descontrolada, comprar habitualmente, robar en tiendas, cortarse, atiborrarse de comida, licor, drogas o sexo indiscriminado) como forma de luchar contra los sentimientos de vacuidad intolerable.

Los caracteres borderline van desde los más suaves hasta los más extremos. Por lo general, sólo las personas que conocen personalmente a los borderlines saben el grado de sus desafíos entusiastas.

Entonces, ¿cómo amar a alguien con trastorno límite de la personalidad de tal manera que lo respete a él y a usted? Por lo general, comienza con el reconocimiento de la realidad del TLP, la preparación de uno mismo en la relación y la detención de los elementos de rescate. No obstante, es fundamental recordar que no se puede recuperar el TLP de la persona amada. Más bien, es fundamental prometer un tratamiento de primera clase.

Adorar a alguien con trastorno límite de la personalidad no es sencillo. Ver a su adorado luchar con una profunda perturbación interna, organizar un sentimiento fluctuante de la personalidad y encontrar una crudeza de sentimientos tan significativa puede ser agonizante. Regularmente, incluso las comunicaciones ordinarias pueden estar cargadas de peligros potenciales. La inestabilidad entusiasta innata a la dolencia puede dejarle con una sensación de confusión, sin saber nunca a qué atenerse o qué ocurrirá de inmediato. De hecho, incluso en los minutos de serenidad, puedes encontrarte con una tensión oculta sobre cuándo caerá el otro zapato. ¿Interpretará mal mi tono? ¿Aceptará esto como una indicación de despido? ¿Será hoy una batalla?

Independientemente de si eres pariente, compañero o cómplice de alguien con trastorno límite de la personalidad, mantener una relación sólida puede ser una prueba. De hecho, puede haber minutos en los que te preguntes si necesitas mantener una relación. Con el fin de fomentar un vínculo sólido, es esencial para darse cuenta de cómo apreciar a alguien con trastorno límite de la personalidad de tal manera que sostiene a ambos.

Reconocer la realidad del TLP

Los individuos que padecen el trastorno límite de la personalidad (TLP) no sólo son problemáticos. No intentan hacerle daño de forma vengativa. Los efectos secundarios del trastorno límite de la personalidad surgen de un profundo dolor mental agravado por la ausencia de activos pasionales para adaptarse a los sentimientos abrumadores. De vez en cuando, los fundamentos subyacentes de esa miseria se sitúan en los encuentros tempranos de las lesiones, que perturban la capacidad de enmarcar conexiones seguras y un fuerte sentimiento de sí mismo. Sin embargo, el TLP no se establece constantemente en una lesión; el TLP puede surgir sin una historia inicial reconocible. Es fundamental recordar que, haya o no haya lesiones, los sentimientos que su ser querido está experimentando son genuinos para él, independientemente de que a usted le parezcan absurdos.

Obviamente, tener una relación con alguien que tiene sentimientos que no tienen una premisa en tu propio mundo puede ser extremadamente problemático. Es posible que sientas que estás hablando por encima de tu adorado, o que tus palabras y actos no se alistan de la manera que esperas. A decir verdad, eso es lo que está ocurriendo. Para tener una relación sólida, debes averiguar cómo adaptarte a esta distinción entre factores reales. El enfoque más ideal para hacerlo no es intentar persuadirles de que son incorrectos; de hecho, hacerlo probablemente les hará sentirse agredidos, y probablemente reaccionarán alejándote. En lugar de eso, descubre cómo aprobar sus emociones y reconocer la realidad de sus encuentros.

La aprobación es un centro de fijación para adorar a alguien con trastorno límite de la personalidad. ¿En qué consiste precisamente? Por ejemplo, si su adorado está molesto por el hecho de que cree que lo está desestimando, diga: "Veo que se siente herido desde que pensó que lo estaba desestimando, eso debe sentirse horrible". Hacer esto requiere tolerancia y aplomo; puede ser muy difícil no saltar e intentar persuadirles de que no les estabas despreciando en ningún caso. Sin embargo, comprenda que ellos acaban de experimentarlo como un despido, haciendo poco caso a su expectativa. Por así decirlo, están lamentando una desgracia que les parece tan genuina como si usted los hubiera despedido sin duda alguna. Permitiendo que sientan sus emociones y tomando partido por su agonía sin juzgarlos, les estás dando amor al tiempo que te alejas de un enfrentamiento inútil.

Al mismo tiempo, no atribuya la totalidad de los sentimientos de su ser querido al trastorno límite de la personalidad. Tener TLP no implica que alguien no pueda tener quejas auténticas o que sus sentimientos estén constantemente determinados por la ruptura. Reconozca toda la humanidad de su ser querido, piense en lo que le está haciendo saber, y conceda los errores en caso de que los cometa.

Prepárate para ti mismo

Con frecuencia, el individuo con trastorno límite de la personalidad puede convertirse en el punto de convergencia en una relación y puede parecer que queda poco espacio para ti. Asegúrese de ser un miembro funcional en su relación. Exprese sus propios sentimientos, necesidades y contemplaciones. Ofrezca sus relatos, sus batallas y sus placeres; teniendo en cuenta que, aunque su pareja pueda luchar contra el TLP, también le quiere, le valora y necesita conocerle. Una relación legítima puede posiblemente ocurrir cuando los dos miembros se suman para hacer un vínculo social significativo. Permítase a usted y a su ser querido la oportunidad.

Al mismo tiempo, no te resistas a definir los límites y a transmitirlos con tranquilidad y claridad. Al principio, los límites pueden tomarse como una indicación de rechazo y provocar el temor de tu pareja a abandonar, pero son básicos para garantizar que vuestra relación se mantiene sólida y os da las dos reglas de lo que es correcto y lo que no. No te sorprendas si tu pareja pone a prueba tus límites con el fin de consolarse de tu cariño; esto es típico y está motivado por miedos profundos. Sin embargo, al cabo de un tiempo, lo más probable es que tu pareja entienda que los límites y el amor pueden convivir y que tener límites no significa que hayas renunciado a ellos.

Dejar de rescatar

En la conocida mente creativa, los individuos con trastorno límite de la personalidad pueden ser vistos aquí y allá como animales delicados que no pueden disfrutar. "La interpretación errónea es que los borderlines son individuos no funcionales, sin embargo los borderlines serán en general individuos excepcionalmente astutos y eruditos. "La mayoría de las veces son en realidad extremadamente avanzados". Desgraciadamente, incluso los individuos astutos pueden caer en elementos rescatadores cuando el trastorno límite de la personalidad entra en escena.

La apasionada indefensión de los individuos con TLP puede hacer que sea sencillo aceptar que necesitan ser salvados, sobre todo en los momentos de emergencia de la sierra. Es posible que se lance al trabajo por afecto, por temor, o por ambos. Así, su adorado puede llegar a considerar su ser como una verificación de su afecto, controlando de paso su temor a la deserción, mientras que al mismo tiempo se desarrolla cada vez más sujeto a usted. En el ínterin, puede empezar a recoger su sentimiento de personalidad y valía de su trabajo como rescatador; puede sentirse muy bien al ser requerido.

Esta dinámica, si bien puede parecer que mejora durante un tiempo, es finalmente ruinosa para ambos, en cierta medida debido a que obtener su aprobación, valor y evidencia de afecto por salvar o ser salvaguardado implica que debe haber constantemente algo de lo que salvarse. En este momento, la cosa es el trastorno límite de la personalidad. Cuando la sintomatología de una enfermedad se convierte en el sitio en el que se comunica y obtiene el amor, hay poca inspiración para recuperarse. En realidad, ahora mismo la recuperación en sí misma puede parecer un peligro; imagina un escenario en el que tu ser querido no necesita molestarte más.

Lucha contra la tentación de salvaguardar para no caer en diseños de relaciones perjudiciales que pueden alterar la recuperación, alimentar la indefensión y conducir al odio de ambas partes. Perciba las capacidades de su ser querido y ayúdele a comprender su propio potencial en lugar de asumir sus dificultades por él. Dígale que le apoya y que confía en él. Ayúdele a encontrar la manera de ser cada vez más independiente, no menos.

Apoyar un tratamiento de alta calidad

Una pieza básica para adorar a alguien con trastorno límite de la personalidad es entender que no puedes arreglarlo. Puedes tener una relación cercana, adorable y significativa con ellos y ofrecerles una ayuda invaluable, sin embargo no puedes arreglar su enfermedad. Lo que sí puedes hacer es ayudarles a relacionarse con grandes opciones de tratamiento.

Mientras que una vez se aceptó que el trastorno límite de la personalidad era inalienablemente intratable, actualmente nos damos cuenta de que eso generalmente será falso. Hoy en día, los clínicos talentosos utilizan un alcance de las modalidades de remediación, incluyendo DBT y tratamientos centrados en la lesión, para ayudar a los clientes con la búsqueda de ayuda duradera de los efectos secundarios de BPD y restablecer la concordancia entusiasta y social. Con frecuencia, los programas de tratamiento privados son la mejor opción para las personas que luchan contra el TLP, ya que les permite interesarse por una amplia gama de tratamientos adaptados a sus necesidades excepcionales. Además, el entorno privado dinamiza la base rápida de la confianza en las coaliciones restauradoras que son tan básicas en el tratamiento del TLP. Al estar rodeado de clínicos y acompañantes comprensivos, su ser querido puede crear importantes aptitudes de adaptación y practicarlas en una condición protegida y estable.

Obviamente, una pieza básica de la recuperación del trastorno límite de la personalidad es hacer asociaciones relacionales más arraigadas y cada vez más estables con los amigos y la familia. Los grandes programas de tratamiento privados ofrecen tratamiento familiar y de pareja para dirigirle a usted y a su ser querido a través de un proceso de recuperación mutua. Con la ayuda de clínicos experimentados, puede investigar cómo puede reforzar a su ser querido, distinguir cualquier elemento desafortunado de la relación y hacer un establecimiento sólido para seguir adelante. Juntos, podréis crear un vínculo más profundo y una relación más beneficiosa y satisfactoria.

Cómo pueden los demás ayudar a un compañero o familiar con TLP;

Lo primero y más importante que puede hacer es ayudar a su compañero o pariente a obtener el diagnóstico y el tratamiento correctos. Es posible que tenga que concertar una cita e ir con su compañero o familiar a ver al especialista.

Instar a la persona en cuestión a seguir en tratamiento o a buscar un cambio de tratamiento si los rasgos del trastorno no parecen mejorar con el tratamiento actual.

En el caso de que se determine que alguien que te importa tiene TLP, a veces puedes pensar que es difícil comprender sus sentimientos o su conducta, o saber cómo ayudar. En cualquier caso, hay un montón de cosas positivas que puedes hacer para ayudarles:

Intenta mostrar moderación. Si existe la posibilidad de que su ser querido esté luchando por manejar sus sentimientos, haga un esfuerzo por no entrar en una disputa aparentemente de la nada. Podría ser más inteligente aguantar hasta que ambos se sientan más tranquilos para hablar las cosas.

Intenta no juzgarles. Intenta escucharles sin decirles que están exagerando o que no deberían sentir lo que sienten. Independientemente de que comprendas o no por qué se sienten así, y de que te parezca o no sensato, siguen sintiéndose así y es imprescindible reconocerlo.

Mantén la calma y la confianza. En el caso de que su adorado está encontrando una tonelada de sentimientos abrumadores, esto podría ayudarles con tener una sensación de seguridad y sostenido y ayudará en las instantáneas de la contención.

Ayúdale a recordar todas sus características positivas. En el momento en que alguien a quien quieres está pensando que es difícil pensar algo bueno sobre sí mismo, suele ser consolador escuchar todas las cosas positivas que encuentras en él.

Intente definir límites y deseos claros. En caso de que su ser querido se sienta inseguro por ser despedido o abandonado, o parezca estar estresado por no ser tenido en cuenta, puede ser muy útil asegurarse de que ambos se dan cuenta de lo que pueden esperar el uno del otro.

Planifica con antelación. En el momento en que la persona a la que apoyas se sienta admirablemente, pregúntale cómo puedes permitirle mejorar cuando las cosas sean problemáticas.

Familiarícese con sus desencadenantes. Conversa con tu ser querido e intenta descubrir qué tipo de circunstancias o discusiones pueden desencadenar consideraciones y sentimientos negativos.

Familiarícese con el TLP y ayude a desafiar la desgracia. El TLP es una conclusión confusa, y su adorado puede de vez en cuando necesita manejar los juicios equivocados de los demás al tratar de lidiar con su problema de bienestar emocional.

Ofrecer ayuda entusiasta, conseguir, tolerancia y consuelo: el cambio puede ser problemático y sorprendente para las personas con problemas de personalidad límite, pero es posible que muestren signos de mejora después de algún tiempo.

Infórmese sobre los problemas mentales, incluido el problema de personalidad límite, para poder comprender lo que su compañero o familiar está sufriendo.

Con el consentimiento de su compañero o familiar, hable con su terapeuta para informarse sobre los tratamientos que pueden incluir los familiares, por ejemplo, DBT-FST.

Nunca pase por alto los comentarios sobre el objetivo o el plan de alguien para hacerse daño a sí mismo o a otra persona. Informe de tales comentarios al especialista de la persona. En circunstancias graves o posiblemente peligrosas, puede ser necesario llamar a la policía.

He aquí un par de recomendaciones:

Sea coherente y predecible

Independientemente de lo que le hayas dicho a tu ser querido que harás (o no harás), mantén tu afirmación. En caso de que sea el beneficiario de una feroz revuelta de alegaciones o de una llorosa emergencia, no será sencillo. No obstante, en el caso de que te rindas al choque, la conducta límite se fortalece. Además, en el caso de que pienses que tus asuntos son terribles ahora, ¡simplemente haz una pausa!

Energizar la responsabilidad

Intenta no convertirte en el salvador de tu ser querido. Trata de no ser controlado para asumir la responsabilidad de sus actividades imprudentes. En el caso de que aplaste el vehículo, no lo supliques. En el caso de que amontone la responsabilidad de Visa sin pagar, no la rescates. En la remota posibilidad de que sigas protegiéndola de los resultados de sus actividades, ella tendrá cero motivaciones para cambiar.

Ofrezca comentarios sinceros

Trate de no fortificar la convicción de su adorado de que ha sido tratado irrazonablemente, excepto si realmente imagina que es válido. Los individuos con TLP, en general, ignoran cómo su conducta afecta a los demás. Por lo tanto, ofrezca un aporte genuino. Diga: "Me doy cuenta de que te sientes mal cuando te despiden", pero no coincida con su apreciación de que todo es resultado directo de esas personas terribles y mezquinas para las que trabajaba.

Intenta no agravar la discusión

Tu ser querido puede confundir lo que quieres decir. Si ofreces un análisis valioso, te encuentras con una diatriba sobre lo terrible que eres. Ofrece un elogio y te culpan de ser despectivo. Aclara tus objetivos y los sentimientos se elevan. Intenta no dejarte guiar por una contención vana. Haz un valiente esfuerzo por mantener la calma y la estabilidad mental a pesar de que te sientas desconcertado, frágil y vencido por la conducta de tu adorado.

Consejos de autoayuda

Consejo 1: Aprende a controlar la impulsividad y a soportar los problemas

Los sistemas de quietud mencionados anteriormente pueden permitirte aflojar cuando empiezas a naufragar por la presión. Sea como fuere, ¿qué haces cuando te sientes dominado por sentimientos problemáticos? Aquí es donde entra en juego la impulsividad del problema de personalidad límite (TLP). Sin pensarlo mucho, te sientes tan frenético por la ayuda que harás cualquier cosa, incluso cosas que te das cuenta de que no deberías, por ejemplo, cortarte, tener sexo sin cuidado, conducir de forma peligrosa y darle duro a la botella. Puede que incluso sientas que no tienes una decisión.

Es esencial percibir que estas prácticas incautas cubren una necesidad. Son formas de lidiar con el estrés para gestionar los problemas. Hacen que te sientas mejor, independientemente de que sólo sea por un breve minuto. Sin embargo, los costes a largo plazo son sorprendentemente altos.

Recuperar el control de su conducta empieza por averiguar cómo soportar los problemas. Es la manera de cambiar los ejemplos peligrosos del TLP. La capacidad de soportar el dolor te ayudará a detenerte cuando tengas el deseo de continuar. En lugar de responder a los sentimientos problemáticos con prácticas inútiles, descubrirás cómo hacerles frente mientras te mantienes a cargo de la experiencia.

Adaptarse igualmente como:

Conversar con su médico de cabecera sobre las opciones de tratamiento y seguir el tratamiento

Intentar mantener un horario estable de cenas y descansos

Participar en movimientos o ejercicios suaves para ayudar a disminuir la presión

Establece objetivos razonables para ti mismo

Separe los grandes recados en pequeños, fije unas cuantas necesidades y haga lo que pueda, como pueda

Intentar invertir energía con otros y confiar en un compañero o familiar confiado

Informar a los demás sobre las ocasiones o circunstancias que pueden desencadenar las manifestaciones

Anticipe que sus manifestaciones deben mejorar de manera constante, no de inmediato

Reconocer y buscar circunstancias, lugares y personas consoladoras

Cuando se activa la reacción de lucha o huida, es absolutamente imposible "pensar en ti mismo" de forma tranquila. En lugar de concentrarte en tus consideraciones, céntrate en lo que sientes en tu cuerpo. El ejercicio de establecimiento que se adjunta es un enfoque directo y rápido para frenar la impulsividad, tranquilizarse y recuperar el control. Puede tener un efecto importante en sólo un par de breves minutos.

Busca un lugar tranquilo y siéntate en una posición agradable.

Concéntrate en lo que encuentras en tu cuerpo. Siente la superficie sobre la que estás sentado. Siente tus pies en el suelo. Siente tus manos en el regazo.

Concéntrese en su respiración, haciendo respiraciones moderadas y completas. Inspire gradualmente. Haga una pausa de tres segundos. En ese momento, exhale gradualmente, retrasando de nuevo la comprobación de tres. Siga haciendo esto durante unos minutos.

En caso de crisis, desvíese

En el caso de que tus esfuerzos por tranquilizarte no funcionen y empieces a sentirte dominado por deseos peligrosos, distraerte puede ayudarte. Todo lo que necesitas es algo que atraiga tu concentración el tiempo suficiente para que la motivación negativa se vaya. Cualquier cosa que atraiga tu consideración puede funcionar, pero la interrupción es mejor cuando el movimiento es además aliviador. Además de los procedimientos basados en el tacto a los que ya se ha hecho referencia, aquí hay algunas cosas que puedes intentar:

Siéntate frente al televisor. Elige algo que sea contrario a lo que sientes: una sátira, en caso de que te sientas mal, o algo desenfadado en caso de que estés furioso o perturbado.

Realiza algo que aprecies y que te mantenga ocupado. Puede ser cualquier cosa: plantar, pintar, tocar un instrumento, coser, leer un libro, jugar a un juego de ordenador o hacer un sudoku o un puzzle.

Dedícate por completo al trabajo. También puedes distraerte con tareas y trabajos: limpiar tu casa, realizar trabajos de jardinería, ir a comprar comida, preparar a tu mascota o hacer la ropa.

Ponte dinámico. El ejercicio increíble es un método de sonido para obtener su adrenalina siphoning y dejar de lado la presión. En caso de que te sientas concentrado, puede que necesites intentar además ejercicios de relajación, por ejemplo, yoga o un paseo por tu barrio.

Llama a un compañero. Conversar con alguien de confianza puede ser un método ágil y profundamente viable para distraerse, sentirse mucho mejor y aumentar algún punto de vista.

Consejo de superación personal 2: Calmar la tempestad pasional

Como alguien con TLP, lo más probable es que haya invertido una gran cantidad de energía en la lucha contra sus fuerzas motrices y sentimientos, por lo que el reconocimiento puede ser algo intenso de entender. Sea como sea, tolerar tus sentimientos no significa favorecerlos o rendirse al tormento. Todo lo que implica es que dejes de intentar luchar, mantenerte al margen, sofocar o negar lo que sientes. Darse a sí mismo el consentimiento para tener estos sentimientos puede eliminar gran parte de su capacidad.

Intenta experimentar tus sentimientos sin juzgar ni analizar. Renuncia al pasado y al futuro y céntrate sólo en el minuto presente. Los sistemas de atención pueden ser poderosos en este momento.

Empieza por vigilar tus sentimientos, como si todo estuviera en orden.

Concéntrate en las vibraciones físicas que acompañan a tus sentimientos.

Date cuenta de que reconoces lo que sientes en este momento.

Adviértase que el hecho de que sienta algo no significa que exista.

Realiza algo que vigorice al menos una de tus facultades.

Cuando estás agotado y bajo presión, es normal que te encuentres con sentimientos negativos. Por eso es imprescindible ocuparse de tu prosperidad física y mental.

Por lo tanto, manténgase alejado de las drogas que modifican el estado de ánimo, coma una rutina de alimentación justa y nutritiva, descanse mucho, practique constantemente, limite la presión, ensaye métodos de relajación, etc.

Conectarse con los sentidos es uno de los enfoques más rápidos y sencillos para autorrecuperarse rápidamente. Debes examinar para descubrir qué incitación basada en el tacto funciona mejor para ti. También necesitarás varias técnicas para distintos estados de ánimo. Lo que puede ayudar cuando estás furioso o fomentado es totalmente diferente de lo que puede ayudar cuando estás adormecido o desanimado. Aquí tienes unos cuantos planes para empezar:

Contacto. En caso de que no se sienta lo suficiente, pruebe a dejar correr agua fría o caliente sobre sus manos; sujete un poco de hielo; o agarre un objeto o el borde de un artículo doméstico con la mayor firmeza posible. En caso de que te sientas excesivamente y necesites calmarte, intenta limpiarte o ducharte, acurrucarte bajo las mantas de la cama o acurrucarte con una mascota.

Gusto. En caso de que te sientas insatisfecho y adormecido, dale una oportunidad a la succión con mentas o dulces sólidos mejorados, o come gradualmente algo con un sabor excepcional, por ejemplo, patatas fritas con sal y vinagre. En caso de que necesites calmarte, prueba con algo mitigante, por ejemplo, té caliente o sopa.

Huele. Enciende una llama, huele las flores, intenta curar con fragancias, rocía tu aroma preferido o prepara algo en la cocina que huela bien. Puede que descubras que reaccionas mejor a los aromas sólidos, por ejemplo, a los cítricos, a los sabores y al incienso.

La vista. Concéntrese en una imagen que le llame la atención. Puede tratarse de algo que se encuentre en su estado inmediato (una vista increíble, un curso de floración encantador, una creación artística o una fotografía que le guste mucho) o algo que se imagine en su mente creativa.

Sonido. Prueba a sintonizar música estridente, a hacer sonar un timbre o a soplar un silbato cuando necesites una descarga. Para tranquilizarte, pon música tranquilizadora o sintoniza con las notas aliviadoras de la naturaleza, por ejemplo, el viento, los animales alados o el mar. Un aparato de sonido funciona admirablemente en caso de que no puedas escuchar el artículo genuino.

Consejo 3: Mejore sus habilidades relacionales

En el caso de que tengas un problema de personalidad límite, es probable que hayas batallado con la búsqueda de asociaciones estables y satisfactorias con queridos, colaboradores y compañeros. Esto se debe a que experimentas dificultades para aventurarte y ver las cosas desde el punto de vista de los demás. Por lo general, malinterpreta las opiniones y los sentimientos de los demás, malinterpreta la forma en que los demás le ven a usted y descuida la forma en que se ven influenciados por su conducta. No es tanto que no te importe, sino que con respecto a los demás, tienes un lado vulnerable importante. Percibir tu lado vulnerable relacional es el paso inicial. En el momento en que dejes de acusar a los demás, podrás empezar a encontrar la manera de mejorar tus conexiones y tus aptitudes sociales.

Compruebe sus presunciones

En el momento en el que uno se ve abatido por la presión y el antagonismo, como parece ser el caso de las personas con TLP, es cualquier cosa menos difícil leer mal las expectativas de los demás. En caso de que sea consciente de esta propensión, compruebe sus presunciones.En lugar de saltar a los extremos (típicamente negativos), piense en inspiraciones electivas. Por ejemplo, suponga que su cómplice ha sido repentino con usted por teléfono y ahora se siente inseguro y temeroso de que haya perdido el entusiasmo por usted. Antes de seguir con esas emociones:

Párate a pensar en las distintas perspectivas. Posiblemente su cómplice esté sintiendo la presión del trabajo. Tal vez esté teniendo un día angustioso. Tal vez aún no ha tomado su café expreso. Hay numerosas aclaraciones electivas para su conducta.

Pida a la persona que le explique sus objetivos. Probablemente, el método menos difícil para comprobar sus suposiciones es preguntar al otro individuo qué está pensando o sintiendo. Compruebe dos veces lo que implican sus palabras o actividades. En lugar de preguntar de forma acusadora, intente una metodología más suave: "Puede que no tenga razón, pero me da la sensación de que..." o "Puede que, por lo general, sea demasiado susceptible, pero tengo la sensación de que...".

Proyección de apagado

¿Tiendes a llevar tus sentimientos contrarios y a descargarlos en los demás? ¿Atacas a los demás cuando te sientes mal contigo mismo? ¿Las aportaciones o los análisis útiles se sienten como una agresión individual? Si este es el caso, es posible que tenga un problema de proyección.

Para luchar contra la proyección, tendrás que averiguar cómo aplicar los frenos, de la misma manera que lo hiciste para comprobar tus prácticas de precipitación. Comprueba tus sentimientos y las sensaciones físicas de tu cuerpo. Observa los indicios de estrés, por ejemplo, el pulso acelerado, la presión muscular, la transpiración, el malestar o el aturdimiento. En el momento en que te sientas así, es probable que te lances al ataque y digas algo que lamentarás después. Retrasa y haz un par de respiraciones completas moderadas. En ese momento, hazte las tres preguntas que acompañan:

¿Estoy molesto conmigo mismo?   ¿Me siento avergonzado o aprensivo? ¿Estoy estresado por haberme rendido?

En el caso de que la respuesta sea la adecuada, haz una pausa en la discusión. Dígale a la otra persona que se siente apasionada y que tal vez quiera una oportunidad para pensar antes de seguir hablando.

Asume la responsabilidad de tu trabajo;

Por fin, es imperativo asumir la responsabilidad del trabajo que desempeña en sus conexiones. Pregúntate cómo tus actividades pueden contribuir a los problemas. ¿Cómo hacen sentir tus palabras y prácticas a tus amigos y familiares? ¿Es seguro decir que estás cayendo en la trampa de considerar al ser individual como todo genial o todo horrible? A medida que te esfuerzas por imaginar la perspectiva de los demás, asumes lo mejor de ellos y disminuyes tu reticencia, empezarás a ver una distinción en la naturaleza de tus conexiones.

Análisis y tratamiento

Recuerde que no puede analizar el problema de la personalidad límite usted solo. Así que en el caso de que usted siente que usted o un amigo o miembro de la familia podría estar experimentando BPD, es ideal para buscar ayuda competente. El TLP suele confundirse o encubrirse con otras afecciones, por lo que es necesario que un experto en bienestar emocional lo evalúe y realice un análisis preciso. Intente descubrir a alguien con experiencia en el diagnóstico y tratamiento del TLP.

La importancia de encontrar el asesor adecuado;

La ayuda y dirección de un especialista certificado puede tener un efecto tremendo en el tratamiento y recuperación del TLP. El tratamiento puede ser un espacio protegido en el que puedes empezar a trabajar en tus problemas de relación y confianza y "probar" nuevas estrategias de adaptación.

Un experto consumado se sentirá cómodo con los tratamientos del TLP, por ejemplo, el tratamiento de la conducta persuasiva (DBT) y el tratamiento centrado en el patrón. Sin embargo, aunque estos tratamientos han demostrado ser útiles, no siempre es importante seguir un enfoque de tratamiento concreto. Numerosos especialistas aceptan que el tratamiento semanal que incluye la instrucción sobre la confusión, el respaldo familiar y la preparación de aptitudes sociales y pasionales puede tratar la mayoría de los casos de TLP.

Es fundamental invertir un poco para encontrar un asesor con el que te sientas seguro, alguien que parezca entenderte y que te haga sentir reconocido y comprendido. Tómese todo el tiempo que sea necesario para encontrar a la persona perfecta. Sea como fuere, cuando lo haga, haga una promesa de tratamiento. Es posible que empiece a imaginar que su especialista será su salvador, sólo para decepcionarse y sentir que no tiene nada que ofrecer. Recuerde que estas oscilaciones entre la glorificación y el rechazo son un efecto secundario del TLP. Intenta aguantar con tu especialista y permite que la relación se desarrolle. Además, recuerde que el cambio, por su propia naturaleza, es incómodo. En el caso de que nunca te sientas incómodo en el tratamiento, es probable que no estés avanzando.

Trate de no depender de una solución medicinal

Aunque numerosas personas con TLP toman medicamentos, la verdad es que no existe casi ninguna exploración que demuestre su utilidad. Además, en los Estados Unidos, la Administración de Alimentos y Medicamentos (FDA) no ha aprobado ningún medicamento para el tratamiento del TLP. Esto no implica que la medicina sea rara vez útil -particularmente en la posibilidad de que experimente los efectos negativos de problemas concurrentes, por ejemplo, la melancolía o la tensión- pero es cualquier cosa menos un remedio para el TLP en sí mismo. Con respecto al TLP, el tratamiento es significativamente más convincente. Simplemente hay que darle tiempo. Sea como sea, su médico de atención primaria puede pensar en la prescripción si:

Se ha determinado que tiene tanto TLP como desánimo o problema bipolar, experimenta los efectos nocivos de ataques de ansiedad o nerviosismo grave, comienza a fantasear o a tener contemplaciones extrañas y neuróticas o se siente autodestructivo o en peligro de dañarse a sí mismo o a otros

¿A dónde podría acudir una persona en busca de ayuda?

Si no está seguro de a dónde acudir en busca de ayuda, pregunte a su especialista en familia. Otros que pueden ayudar son:

Expertos en bienestar emocional, por ejemplo, especialistas, terapeutas, trabajadores sociales o asesores de bienestar psicológico

Asociaciones de mantenimiento del bienestar

La red se centra en el bienestar emocional

Consultorios de psiquiatría de clínicas médicas y centros ambulatorios

Programas de bienestar emocional en colegios o escuelas clínicas

Centros ambulatorios de clínicas estatales

Prestaciones familiares, oficinas sociales o iglesia

Reuniones de acompañantes

Centros y oficinas privadas

Programas de ayuda a los representantes

Órdenes sociales clínicas y mentales del barrio.

Aventurarse a recibir asistencia por sí mismo puede ser difícil. Es imperativo entender que, a pesar de que puede requerir cierta inversión, puede mostrar signos de mejora con el tratamiento.

CONCLUSIÓN

El Trastorno Límite de la Personalidad (TLP) es un trastorno caracterizado por los problemas para gestionar los sentimientos. Los sentimientos pueden ser impredecibles y pasar de forma repentina, especialmente del romanticismo entusiasta al fastidio despectivo. Esto implica que los individuos que experimentan el TLP sienten sentimientos fuertemente y durante amplios periodos de tiempo, y es más diligente para ellos volver a un estándar estable después de una ocasión sinceramente activadora.

Esto puede ser causado por una combinación de factores que incluyen el curso del cerebro, el curso genético, los factores ambientales, y el trauma de la infancia, entre otros.Los tratamientos incluyen psicoterapia, farmacoterapia, medicamentos, etc.

Printed in the USA
CPSIA information can be obtained
at www.ICGtesting.com
LVHW011800060624
782491LV00002B/419